나이의 무게

현 대 수 필 가 1 0 0 인 선 · 66

나이의 무게

김경희 수필선

좋은수필사

■ 책머리에

수필은 누구나 부담 없이 읽고, 마음만 먹으면 직접 쓸 수도 있는 가장 친근한 문학이다. 다른 영역의 문학이 영상매체에 밀려 신음하고 있는 중에도 수필 인구만은 날로 증가하여 바야흐로 수필 전성시대를 구가하고 있는 이유도 거기에 있을 것이다.

시대적 추세에 힘입어 수많은 수필전문지, 수필동인지가 창간되고, 이에 비례하여 신진 수필가도 날로 늘어나다 보니 이제는 그 많은 작가, 그 많은 작품 중에서 문학성 높은 작품을 가려 읽는 일이 쉽지 않게 되었다. 이런 현상은 작가에게나 독자에게나 결코 바람직한 일이 아니다. 더 나아가서는 수필을 연구하는 후세들에게도 큰 부담이 될 것이다.

이런 문제를 해결하는 데는 출판인도 마땅히 한몫을 감당해야 한다는 평소의 소신에 따라, 본사가 기꺼이 그 역할을 맡기로 했다. 그 첫 번째 사업으로 시대를 대표할 만한 수필가 100인을 선정하고, 작가가 자선한 40편 내외의 작품을 수록한 문고본을 발간하여 이를 널리 보급함으로써 그 소임을 다하고자 한다.

본사는 사명감을 가지고 이 사업을 추진해 나가기로 했다. 작가 선정을 전담할 편집위원회를 구성하고 전권을 위임하여 일체의 사적인 정실이나 청탁을 배제함으로써 전문성과 공정성을 확보해 나갈 것이다.

따라서 이 기획물 속에는 작가의 문학정신뿐만 아니라, 본사의 문학사적 기여 의지와 편집위원 제위의 수필문학에 대한 애정과 문인으로서의 양심이 함께 담겨 있음을 자부한다. 다만, 작가를 선정하는 기준에는 많은 견해의 차이가 있을 수 있고, 선정 과정에서도 미처 챙기지 못한 부분이 있을 것이라는 사실만은 인정하지 않을 수 없다. 이 점에 대해서는 관계자 여러분의 양해 있으시기 바란다.

이 시리즈의 발간 순서는 작가, 또는 본사의 사정에 의한 것일 뿐 그 밖의 어떤 기준도 적용하지 않았음을 밝힌다.

본 기획물이 시대를 초월한 많은 수필 애호가들의 관심과 애정 속에 우리나라 수필문학 발전에 한 이정표가 되기를 바랄 뿐이다.

2009년 11월

좋은수필 발행인 서 정 환

현대수필가 100인선 간행 편집위원 박 재 식 최 병 호

정 진 권 강 호 형

변 해 명

1_부

2_부

3_부

4_부

솥과 인간관계

밤 여섯 톨의 기쁨

우리 집 노래

징의 침묵

한국의 나무다리

대학생과 독서생활

돌의 자리

밥이 하늘입니다

나이의 무게

智異山 갈대의 아리랑

솥과 인간관계

음식을 끓이는 도구로서 솥鼎이라는 것이 있다.

솥 중에는 선조들이 쓰시던 전래의 솥이 있고, 현대인의 편리한 도구로 개량된 양은솥이 있다.

전래의 솥은 물을 끓이는 데 상당한 시간과 연료를 소모해야만 비로소 끓는 단점이 있고, 양은 솥은 빠른 시간에 쉽게 끓는 잇점이 있다.

그러나 그 이면에는 반대적인 현상이 나타나는 것이 전래의 솥과 양은 솥의 차이점이라 할 수 있다.

인간관계를 솥에 비유할 때 그 사람을 끓게 하고 움직이게 하는 데는 시간과 정열이 소모되는 단점과 애로가 있더라도 한 번 끓는 물이 그만큼 오래가듯이 전래의 솥과 같이 진지하고 여운이 있고 따스함이 오래갈 수 있어야지, 양은 솥같이 불기 火氣를 빼내면 즉시 싸늘하게 식어버리는 시간적인 대인 대물관계가 되어서는 아니 되겠다.

어떤 면에서는 인생을 얇게 살지 말고 두껍고 중후하게 살자는 이야기가 될지 모르겠고 별 볼일 없는 얇은 층의 다수보다 두껍고 정통한 소수를 위하여 살아야겠다는 논리가 될지도 모르겠다.

차 한 잔 마시고 그 사람 참 좋은 사람이라고 입에 침이 마르게 추겨 세우기보다는 한 인간을 보다 진실되게 평하려면 1년, 2년, 3년, 5년 정도의 희로애락을 겪어본 뒤에야 바른 평이 나오지 않겠는가?

높고 귀한 뜻은 아무나 이해할 수 없는 법, 그래서 높고 귀한 뜻을 지니고 초지일관初志一貫하는 선각자나 영웅들은 외롭게 일생을 살다 갔지 않은가 싶다.

이 사람 저 사람 모두에게 '아! 그사람….'하는 정도의 겉 평을 받느니보다는 이 사람 저 사람은 모른다 해도 단 한 사람에게만이라도 나의 진실과 본의를 깊게 이해한 속평을 받고 싶다. 이러한 층이 많으면 많을수록 우리의 삶은 행복하지 않겠는가.

처음에는 대면하기가 힘들고 고집불통 같고, 남의 것 원치도 않고, 내 것 줄지도 모르는 우직하고 우둔한 사람 같아 상대하기가 불편하지만, 그 사람의 문門이 열려 서서히 교제하다 보면 나도 모르는 사이에 끌리는 사람이 있다. 이러한 사람일

수록 멋味이 있고, 그의 인격에선 향기가 풍기며 둘만의 시간에 아낌이 없는 관계, 매사에 공감공명할 수 있는 정, 궂은 일에 눈치보지 않고 뛰어들어 돕는 의리!

이것이 귀한 인간의 관계요 삶의 원리가 아닐지.

세상의 물결이 즉흥적이요 순간적이요 찰나적일지라도 전래의 솥과 같이 끓이는 데도 힘이 들지만 식어가는 데도 시간과 세월이 필요하다. 세상 살아가는 데 다소 불편하고 소외감을 느낄지라도 전래의 솥과 같은 덕을 지닌 그런 인간관계와 그런 삶을 살아가고 싶다면 시대 착오인의 잠꼬대라고 할 것인지….

(1978)

밤 여섯 톨의 기쁨

동물의 세계에는 선물이라는 것이 없다. 인간세계에서만이 선물을 주고받곤 한다. 인간의 세계에서도 좀더 인간적이고 다순 마음의 소유자, 아름다운 꿈을 가꿀 줄 아는 사람들의 세계에서 맛볼 수 있는 정겨움이 곧 선물이 아닐까.

선물은 주는 사람이나 받는 사람이나 다같이 기쁨이 있다. 주는 사람의 보이지 않는 정신적 세계의 면모가 나타나 있고 받는 이의 표정에서 정신적 만족도를 읽을 수 있다.

선물은 꼭 비싼 대가를 치룬 것보다 경제적 거드름을 피우는 것보다도 한 인간의 소박함과 진실함, 세심한 뜻과 정이 듬뿍 담겨 있을수록 정신 만족감을 느끼게 할 수 있다.

계절적인 행사나 인간대사 시 의례적으로 주어지는 것보다 조용한 철에 조용히 찾아드는 선물이 더 아름답고 고귀하다고 보아진다. 선물은 물질적 가치의 양감量感이 정신적 가치와 비례한다고 볼 수 있을지 모르나 내 생각으로는 조건없이 부담없이 주고받되 반드시 거기에는 일말의 뜻과 의의가 새겨져 있어야 된다고 본다.

선물을 택하는 것을 보면 그 사람의 인격과 사고의 능력을 알 수 있다. 아무튼 주어서 즐겁고 받아서 흐뭇한 선물은 인간세계를 미화시키고 생활에 윤택을 가져오게 하며 세상을 살맛나게 한다.

교직자 발령을 받고 학교에 갔다. 1학기가 거의 끝나가는 여름, 반공소년 이승복 동상을 지나 운동장 깊숙이 들어서니 갖가지 여름 화초들이 한창이다. 1학기 담임을 하다 타 학교로 가게 된 학급 전 담임과 인계 인수가 있었다. 배웅하는 나에게 떠나는 분은 "그 반에 천질天疾을 앓는 애가 사람 있을 것입니다. O번인데 한번 보십시오." 하고서 휼쩍 떠나는 것이었다. 자세히 일러 주었으면 좋으련만 아무리 바쁘다 해도 그렇게 한 마디 내뱉듯 할 수 있을까 싶어 좀 야속하기도 했다. 내심 각오를 단단히 하고 담임으로서 사랑을 기울이는 데 최선을 다하겠노라 다짐했다.

인사가 끝나고 첫 교시가 시작되었다. 쉬었다. 다시 온 교실이라서 분필을 잡으니 감회가 새로웠다. 눈물이 핑— 도는 느낌이다. 그것은 다시 왔다는 내 인생의 실패감이요, 내 운명에 대한 서글픔이요, 무능력에서 오는 자기 저주였는지 모른다.

아니 내 생애의 앞길이 가슴에 와 닿는 듯한 답답함이요, 교직자로서의 심신에 가책이었을 것이다.

중·고등학교, 대학교 선생님들보다도 국민학교 교사에게 더 필요한 것이 있다면, 그것은 사랑이요, 너그러움이요, 자상함이요, 귀여움을 베풀어 줄 수 있는 능력이라 믿어진다.

먼저 교실의 매(지휘봉 포함)를 없앴다. 실패감만 되씹다 보니 조그마한 일에 욱하고 자칫 흥분하여 모기 보고 칼 빼는 어리석음을 범하는 실수가 있을까 해서였다. 불쌍한 시골 아이들에게 안정감 넘치는 사랑은 베풀지 못할지언정 탁 탁 때린대서야 되겠느냐는 것이다.

교직자로서 자격지심도 있었다. 그러나 불우하고 불쌍한 어린이를 한번 더 돌봐주고 머리를 쓰다듬어 주어야겠다는 생각을 했다. 소외당하기 쉬운 학생에게 심부름을 한 번 더 시켜 관심의 도를 표해줘야겠다는 것이다.

전 담임이 일러준 그 학생을 찾았다. 반 아이들에 비해 체구가 훨씬 컸다. 그러나 눈동자가 약간 흐릿한 빛이랄까 놀래있는 듯한 동공이랄까. 키가 크고 힘이 세기에 유리창 여닫기, 흙판 닦기, 체육시간 우대(?), 그리고 청소시간엔 리어커에 쓰레기를 싣고 그 애가 끌고 내가 밀곤 하였다. 차츰 나를 대하는데 그 아이는 주저하지 않았고 다른 아동보다 빨리 친숙해짐을 느낄 수 있었다.

그러던 어느 날 1교시 수업이 끝나고 쉬는 시간에 뭔가를 읽고 있는데, 선생님! 하고 부르기에 보니 그 학생이다.

양 호주머니에서 밤 여섯 톨을 내놓고는 꺼내 놓기가 무섭게 튀쳐 나간다. 불러도 소용 없다.

햇밤 치고 빨리 익은 밤이요, 올밤치곤 굵다. 밤을 받고의 느낌이다. 그 어느 부형이 주신, 물질적인 선물보다 촌지寸志보다도 값진 것이요 보배로운 것이며, 즐겁고 기쁨에 넘친 선물이라는 생각이었다. 가치와 보람을 따질 대 가장 귀하고 자랑스런 선물을 받은 교직자의 기분이었다.

책상 위의 밤을 쳐다보며 한참을 궁리해 본다. 이 밤을 어떻게 할 것인가? 그렇다! 집에 가지고 가서 부모님, 아내, 아이들 하나씩 그리고 내가 맘 주어 사랑하는 사람과 밤에 새겨진 사랑과 역사를 이야기하며 나눠 먹으리라.

밤 여섯 톨을 만지작거리며 기뻐할 때의 순간같이 가슴 뿌듯하고 보람 넘치는 일은 일찍이 없었다. 그 누구의 기쁨이나 보람과도 비교가 안 될 것만 같았다.

(1979)

우리 집 노래

꽃과 음악은 세계 공통어가 된다는 말이 있다. 꽃은 향으로 음악은 소리로 하여 인간의 사상과 감정을 표현, 상대에게 즐거움을 주기 때문이리라.

나는 음악에는 손방이다.

내가 의무교육기관에서 가르치는 생활을 청산한 것도 음악시간에 받은 자극이 컸다.

초등교육에 있어서는 담임을 오래 해도 문제가 있다. 아동들이 담임을 닮아가기 때문이다. 그러므로 선생의 취미 또한 쉽사리 닮아가게 되는 반면 부족한 부분에 있어서는 계발이 늦다는 아쉬움이 따르게 된다.

그런데 음악시간만 되면 교체 수업을 할 수밖에 없었고, 신나게 노래하도록 반주를 넣어 주어야 할 오르간 연주가 서툴러

아동들의 부푼 가슴을 시원하게 열어주지 못한다는 게 고민스러운 자책이었다.

미술 또한 신통치 못했다. 국어와 쓰기 시간 그리고 글짓기 시간이나 되어야 다소 자신을 가지고 임했으며 일기 지도엔 상단한 열을 올려 가르쳤다는 생각이 든다.

내가 왜 음악과 미술이 서툴렀는지…….

배움의 시절 게으름 탓도 있었겠지만 그때의 교육 상황은 그랬다. 모든 게 아쉽게만 느껴졌다. 그러나 모든 것은 자신의 노력에 의한 결과에 있음이요 노력과 능력이 못 미칠 바에는 아이들한테 영향을 주어서는 안 된다는 생각이 들었다.

생활의 장場은 바뀌어졌다.

대학사회에서 학생과 교수들의 교육에 따른 업무적인 면의 일익을 담당하게 된 것이다.

사범대학의 미술교육과와 음악교육과를 자주 들르게 되고 교수들과의 면담 기회도 빈번해졌다.

그러던 어느 날.

나는 '가정의 노래'를 만들어 아이들과 함께 부른다면 즐겁지 않겠는가 하는 생각에 머물게 되었다. 작곡을 전공한 K선생에게 어렵사리 뜻을 밝혔다. K선생은 '그거 참 좋은 생각'이라며 가사만 가져오라는 것이었다.

나는 술을 좀 마셔 거나해질 때나 넉넉한 마음일 때는 아이들과 함께 〈고향의 봄〉이나 〈등대지기〉를 불렀다.

그 중 등대지기는 가정의 노래같이 자주 부르면 어떻겠느냐고 아이들의 의사를 물어 지금껏 불러온 터에 중학교에 다니는 사내녀석들과 국민학교의 막내딸, 그리고 아내도 함께 따라 기쁨으로 합창할 때 나는 흐뭇한 가족의 한때임을 느꼈왔다.

가사를 지어야겠다고 마음 정한 뒤 뚜렷한 가훈도 없고 보면 내 일생에 대한 견해와 의지, 그리고 바람을 엮어 아이들도 그 뜻을 이해하고 따르며 생활할 수 있다면 좋겠다는 데 뜻을 두고 생각을 모아 써 보았다.

오붓한 둥지에 햇살 비치면
의롭고 뜻있는 삶이 열린다.
영롱한 눈동자에 내일의 꿈이
모락모락 피어나는 우리의 동산
맑고 밝은 마음에 힘이 솟는다.
형아 아우야! 믿음에 살자.

맑고 밝은 마음은 한문 글자에서 보고 느껴 풀어 써 왔고 '의롭고 뜻있게'는 지혜의 철이 들면서 독서를 통하여 얻은 영감을 지금껏 기려온 터이기에 그 뜻을 넣어 앞뒤를 다듬어 채워 본 것이다.

K선생께 뜻을 밝히며 슬그머니 가사를 내미니 〈고향의 봄〉

이나 〈등대지기〉의 곡을 참작하여 쉽게 배우고 두리뭉실 다함께 부르는 데 부담이 없도록 하겠다고 했다.

K선생의 바쁜 일정으로 인하여 상당한 시간이 지난 뒤 크리스마스 무렵 곡은 탄생되었다.

그러나 문제는 또 있었다. 정확한 악보를 읽고 바른 음정으로 아이들이 배운다는 게 쉬운 일이 아니었다. 궁리 끝에 빈 테이프를 하나 샀다. 좀스런 이야기지만 K선생에게 기왕 수고해 주신 길이니 녹음까지 해 주십사 하고 부탁을 드렸다.

K선생은 성악을 전공한 여학생과 피아노 앞에 앉아 열심히 끝맺어 주었다.

아이들에겐 멋진 크리스마스 선물이 되었다. 눈 뜨기 바쁘게 일어난 아이들은 녹음기를 틀어 따라 부르게 되었고 우리 집 노래는 온 집안을 흘러넘치게 되었다.

아버님은 고희를 넘기셨지만 어머니는 갑년을 한두 해 남기셨다.

어머니는 자신의 힘으로 딸손주에게 피아노를 한 대 선물하고 싶다는 것이 소원으로 되어 있다. 어떻든 아이들이 악기를 연주하는 가운데 온 가족이 어머님을 모시고서 〈우리 집 노래〉를 부를 수 있다는 것은 즐거움이 아니겠는가 싶다.

악보를 화방에 맡겨 액자로 잘 만들었다. 그리고 벽에 나지막이 걸었다.

노래하며 사랑하는 마음으로 살아가고 싶은 뜻에서였다. 슬픈 때나 즐거운 때나 〈우리 집 노래〉를 부르며 우리의 둥지를 지켜가고 싶은 바람이었다.

음악하는 마음으로 밝고 맑은 심성으로 아이들이 구김없이 자라고 생활해 나가기를 원하는 뜻에서였다.

(1980)

징의 침묵

밤이 깊으면 우주의 침묵도 깊어간다. 소음과 공해로 피곤해질 대로 피곤해진 신경이고 보면 밤이 주는 고요와 침묵이 얼마나 소중한지 모르겠다.

불 밝히고 책상에 앉으니 들려오는 소리가 있다. 귀청 저 안에서 오는 무슨 소리인가? 신경을 모아 본다. 그렇다. 그것은 고향에서 듣던 징의 소리이다. 앞냇가의 모내기를 마친 품앗이 꾼들이 황소 등에 주인을 싣고 당산나무 지나 마을로 들어서며 농부가를 부르며 치던 그 소리요 여운이다.

어느 작가는 소리가 멈춘 곳에서라야 은밀한 신의 음성을 들을 수 있다고 했다. 우주의 침묵! 밤이 주는 이 고요 속에 진정한 나 자신의 생활에 음성을 들을 수 있으며, 고향의 언어가 되살아나는 것은 아닌가.

징은 종과 質性을 같이 한다. 성분도 그러려니와 용도 또한 비슷하며 음향도 닮는다. 우리들은 어린 철, 학교의 종과 친숙해 성장했듯이 마음에서는 징소리에 익숙해 있었다. 그 소리는 기쁨으로 명절을 나게 했다. 山寺에서 듣는 종소리에 옷깃을 여미면서도 여음에서는 징소리를 연상하게 됨도 우연만은 아닐 것이다.

징은 꽹과리, 장구, 북과 함께 사물놀이 기구로서 우리의 사랑을 받아 왔다. 조상 전래의 소리로서 민족의 속마음을 웅변해 온 것이다. 이름하여 국악기.

농악에 있어 징은 혼자서는 별로였다. 시작과 끝 장단을 조절 인도하는 꽹과리의 신호에 의해 장구가 따르고 북이 어울러지면 없는 듯 존재하다 한대목 흥을 고조시키는 고갯길에서의 일꾼이었다.

꽹과리는 흥을 돋우는 데는 으뜸이었다. 홍사끈으로 손잡이를 만들어 빠른 템포로 곡을 쳐대는 상쇠잡이는 언제나 멋쟁이였다. 상모머리를 돌리며 쳐대는 순간 구경꾼들의 가슴은 부풀어 흥이 절로났다.

장구 또한 그렇다. 오동나무로 허리가 가늘고 잘록하게 만든 것을 허리에 둘러메고 왼쪽은 손으로 오른쪽은 가느다란 채로 치는데 이것을 번갈아 쳐댈 때는 어찌 그리도 꽹과리와 호흡이 맞아 떨어지는지 신나는 판이었다. 꽹과리는 음이 높으면 자극적이다. 꽝매―깽깽 꽹갱매깽 갱지갱……하며 사뭇

자극적이다. 장구는 그래도 가죽이라 조금 부드러운 음이지만 빠른 템포의 말수에 있어 꽹과리의 다음이라 할 수 있다.

그러나 징은 웅장하면서도 부드러운 음이다. 대신 꽹과리와 장구가 숱한 언어로 숨가빠할 때 잊었는가 싶으면 한번 징-! 하고 자기의 포지션을 알린다. 아무리 바쁘더라도 몇 번 반복할 뿐이다. 꽹과리와 장구는 기술을 지닌 자만이 다룰 수 있지만 징은 비교적 아무나 들고 나설 수 있다. 그래서 징을 치는 사람은 무던해야 했고 자기를 드러내는 성깔이 없는 사람만이 즐겨 다루었다.

징은 농부들 중에서도 수더분한 사람의 악기였다. 애시당초 인기를 모르는 면에서는 그의 생김새와 같다. 얇사하지 않는 두툼한 생명력을 지닌 속성으로 만들어졌다.

징은 할아버지의 큰기침같이 필요할 때 한마디의 신호로써 효과를 거두었다. 징은 웅변보다는 침묵의 미덕을 사랑해왔다. 징은 "미련한 자라도 잠잠하면 지혜로운 자로 여기고, 입술을 닫으면 슬기로운 자로 여긴다."는 성서의 말씀을 지켜왔다. 침묵은 지혜의 최상에 응답임을 시사해 왔고 知者不言의 뜻을 지켜온 것이다.

징은 다른 악기들이 제 흥에 겨워 "너는 도대체 뭐 하느냐." 고 다그칠 때 축적된 힘을 일시에 쏟는 양, 전신의 힘으로 울었다. 그것은 쌓였던 스트레스를 일시에 터뜨리는 것이 아니요 어디까지나 둘레의 흥을 북돋우기 위한 힘의 부추김이요 잘

되어 간다는 확인이요, 상대에 대한 만족의 표현이었다.

징은 물론 타악기이다.

얻어맞으면 맞는 힘만큼 몸부림쳐 소리를 멀리 인도한다.

종소리가 빈 들이나 험한 골짜기를 방황없이 울려퍼지고 많은 사람들의 마음에 닿듯이 원근의 주민들의 가슴을 파고드는 대중의 음성이요 순박한 이들의 가슴에 친한 음향이었다.

징은 도량이 있다. 무딘 듯 손이 덜 간 듯하지만 꽹과리를 품에 안을 수 있는 포용력을 지녔다. 그런가 하면 징은 분명함을 지녔다. 시간과 끝을 알리며 마지막 소리에 막을 내리게 하는 엄숙성을 지녔다. 한마당 굿판에 있어 시작의 문을 열게도 하고, 잘 되어갈 때는 침묵이다가 끝이다 싶을 땐 분명한 톤으로 거두어들인다는 것이다.

그뿐 아니다. 침묵을 사랑하는 징이지만 그의 성난 울음일 땐 심상치 않은 기운이 있었다. 징은, 천재지변의 위험에 직면했을 때, 이 땅에 외침이 있을 때, 위험으로부터의 대비와 탈출을 권면하는 강력한 보호의 절규가 있었다. 필요할 때 침묵의 금값 이상의 웅변술이 있었으며 사자후가 있었던 것이다. 그래서 우리는 '징의 침묵'을 이해할 수 있고 아껴오지 않았던가.

지금도 귓전에는 고향의 조용한 농악소리가 들려오고 있다. 바닷속같이 정밀하면서도 칠흑 같은 밤. 하늘에는 별들의 고향 꿈만 초롱초롱하다.

(1981)

한국의 나무다리

산능선이 둥글게 줄지어 손에 손을 맞잡고 춤을 추는 듯한 산자락 밑에 초가집들이 있고 그 마을을 가려면 지나게 되는 정다운 오솔길과 시냇물과 나무다리가 있었다. 마을에 이르면 당산나무도 사랑방도 외양간도 돼지우리도 있었다. 해지면 한 집 두 집 등잔불이 켜지고 일터에서 돌아온 가족들은 몸을 씻고 방안으로 모여든다. 쇠죽을 끓인 아버지가 자리를 함께 하시면 저녁상이 들어오고.

이때의 내 고장 둘레에는 나무다리가 더러 있었다. 다리문화의 변천을 보면 돌다리 · 나무다리 · 콘크리트 · 철교의 순이겠지만, 그 중 우리 선조들의 생활을 되챙겨 비추어 본다면 그래도 나무다리가 가장 친근감 있게 가슴깃을 파고든다.

할머니가 운명하시기 전 사과를 말씀하시기에 눈덮인 나무다리를 건너 소재지에 가 사다 드렸고 오래기벌 논농사철에 건너다니던 나무다리며 고모집 갈 때 건너던 나무다리의 미동微動이 아직도 가슴결에 살아 있기 때문인지는 몰라도.

학교 갈 때는 힘없이 건넜던 다리가 갑자기 불어난 물에 어른들의 등에 업혀 건너기도 했고 찰박찰박 넘치는 징검다리에 납작돌을 얹고 어중간히 건너다 미끄러져 풍덩 빠지던 기억은 한번쯤 있을 법한 누구나의 밉지 않은 추억이다.

한강철교를 설계한 이가 남산과의 조화를 위해 심사숙고했다는 글을 읽었다. 거기에도 문화는 있었고 조화의 미가 있었으며 보는 이들의 심미안이 내재해 있었던 것.

지금의 한강은 숱한 다리를 지니고 있다. 시대 발전에 따른 다리의 문화를 지니고 있으며 당시의 정치적 · 경제적 · 공학적 의미를 간직한 채.

조선시대에 호남 8경의 한곳이 곡성의 압록이다. 섬진강과 보성강이 합류되는 이 고장은 하동 · 구례에서 오르는 은어가 진상품이기도 했는데, 석곡에서 흘러오는 보성강을 지나야 구례 쪽으로 갈 수가 있다. 여기에 일제시대에 놓았던 좁장한 다리가 고색 태를 지니고 있고 근대화의 문명이 빚어낸 반달형의 넓은 다리가 일품인데 중간에 철교가 있어 철마가 달리고 있다. 나리봉 위에 둥두렷한 달 치솟아 동해의 푸른 물 같은 강줄기를 황금빛으로 수놓으면 여기가 어찌 강릉 경포대만 못할쏘냐 싶은 곳이다.

다리는 강으로 하여 육지가 나뉘어진 곳에서 발생되는 연결 문화의 소산이다. 처음에는 건너는 데만 목적을 두고 가볍게 만들었던 것이 실패를 거듭 좀더 튼튼하고 높직하게 만든다는 필요에 의해서 나무다리는 놓였다. 그리고 보다 더한 영구성을 지니도록 하기 위함에 과학적인 기술인력이 투입되어 빚어낸 것이 오늘날 콘크리트문화의 다리이다.

연결문화는 중개문화와 이어지며 오늘날의 소개문화요 육·해·공의 운송문화와 체신문화에 이르기까지 무관하지 않다는 생각이다.

작고한 고숙은 우牛시장에서 중개인으로서 이름을 얻었다. 큰 황소를 값 매겨 산 사람에게는 소를, 판 사람에게는 돈을, 즉 사고 파는 사람의 사이에서 다리 역할을 잘 해낸 것이다. 지금은 마담뚜라 하여 이미지가 별로 좋지 않지만 옛날 시골서도 입담 좋고 서글서글한 아주머니들이 처녀 총각 집을 드나들며 중매에 나서곤 했다. 또한 경우 바르고 공담을 잘 깨는 이가 사랑방에서 토지매매의 중개역을 잘도 했고 한 건 성사되면 두부 막걸리 파티도 뒤따랐다. 이것이 오늘날의 복덕방 시초요 부동산 중개인으로까지 발전한 것이 아닐까.

새마을사업으로 중장비가 발달되고 경제이론이 체계화 되어 고급두뇌가 팽배한 만큼 일상생활에서의 중개문화와 봉사의 개념도 많이 달라졌다. 공으로 되는 일 없으며 말로 되는 일 또한 드물다. 이利끝 없는 일은 아예 하지를 앉는다. 다리는 예보다 튼튼하고 완전해졌는데 그 위를 건너는 사람들의 심리와 내면의 세계는 그렇지만은 않은 것 같다.

> 강 위에 다리는 놓였건만 / 건너가지 않고서 망설이는 동안 / 때의 거친 물결은 / 그만 다리를 무너뜨리고 흘렀습니다 / 먼저 건너가신 당신이 / 어서 오라고 하실 때 / 왜 못 건너갔던고…

고등학교 때 어느 선생님이 들려주었던 시인데 내용은 확연치 않다. 여기서의 다리는 시간적 다리를 의미한다. 인생의 황금기 때 시간의 다리가 얼마나 소중한 것인가를 이제야 겨우 실감하게 되는가.

> 미라보 다리 아래 세느강은 흐르고 / 그리고 우리들의 사랑도 흐르네……

G. 아폴리네에르의 〈미라보 다리〉의 일부이다. 미라보 다리의 아름다움을 나는 알지 못한다. 그러나 요즈음 가끔 생각나는 다리가 있으니 그것은 곧 나무다리이다. 다리의 가운데 부분은 큼직한 통나무로 받치고 위에 팔뚝 같은 나무를 걸쳐 엮고 솔가지를 얹어 흙 덮고 다져논 다리인 것이다. 여러 명이 건너거나 가운데쯤에서 구르면 흔들거리기도 했던 살아 있는 다리 말이

다. 그 다리 위를 봇짐장수가 건너고 김삿갓이 건너며 심학규가 건너고, 짐 실은 나귀가 주인과 함께 건너던 다리, 이것이 곧 코리아의 다리가 아니겠는가.

그때 그 다리를 건너던 사람들이 시속 몇십 킬로미터로 철교나 육교 위를 달리는 현대인들보다 훨씬 마음 편했고 멋스러웠으며 다리 또한 자연과의 조화에서 오는 운치가 있지 않았을까…. 오늘의 다리는 기업가가 이해타산에 의해서 만들고 떠나버리면 그만이지만 그때의 나무다리는 운명을 함께하는 고을사람들이 생활수단으로서 지혜와 땀과 협심으로 빚었던 정성어린 생활의 공동작품이었다.

(1988)

대학생과 독서생활

3대 무식하면 상놈되고 3대 유식하면 양반이 된다는 우리의 격언이 있다. 이 말을 "3대 독서하지 않으면 상놈이 되고 3대를 열심히 독서하면 양반(교양인)이 된다."고 쉽게 풀이해보면 어떨까.

오늘의 대학생들을 가까이서 보면 너무도 책을 읽지 않는다는 데 놀라웁다. 중 · 고등학교에서는 입시를 위한 공부와 밤늦은 시간까지 교실에서의 생활에 빼앗긴 시간 때문에 교양과 성품을 바로잡아 기를 수 있는 독서활동을 못했다 할지라도, 대학에서 만큼은 좀 틀을 달리할 수 있지 않겠는가. 입시지옥에서의 해방감에 들떠 나는 자유인이요 지성인이다는 목소리만 높일 것이 아니다. 졸업을 앞두고서야 구직을 위한 시험공부에만 매달리다 어언 4년을 통과해 버리고 흘러보내 버린다면 얼마나 안타까운 일이요 공허한 일이겠는가.

독서의 생활태도는 오히려 불우했던 시절의 선배들 한테서 배워야 하지 않겠나 싶다. 해방을 전후한 대학생들은 고무신에 검정물 들인 군복을 질긴 맛에 즐겨 입으면서도 책만큼은 귀히 여겼다. 틈나는 대로 열심히 읽고 옮겨 썼다. 끼니는 걸러도 책읽는 일만큼은 빼지 않았다. 독서하면서 사색하면서 괴로워하면서 나라의 장래를 염려하기도 했다. 불우했던 시절만큼 짊어진 짐 무겁다는 것을 일찍이 자각했으며 정의를 귀하게 여겼고 대의명분을 챙겼다.

독서는 문학이나 예술인 그리고 가르치는 업에 종사하는 이들의 일로만 생각하기 쉽다. 그러나 그것은 그릇된 생각이다. 풍부한 인생, 인간다운 삶을 포기한 사람들의 회피 심리일 뿐이다. 그렇다고 독서활동이 대학생들만의 것도 아니요 배우는 이들의 당위적인 노력이다고만 볼 수는 없다. 희망을 버리지 않고 내일을 가꾸는 이들 모두의 일이요, 보다 나은 자신을 위한 값진 일과요 업무인 것이다.

내가 존경하며 따르는 노교수님은 대학생일 때 하루에 한두 편의 시조나 시를 암송했다 한다. 그리고 어떤 주제가 잡혀 글을 쓰다 막히는 곳이 있어 말씀 드리면, 벽면을 꽉 매운 서가에 잠시 눈 주시다 책을 꺼낸다. 내 묻는 말에 도움이 될 수 있는 내용의 글이 새긴 페이지를 정확히 한 손에 펴고 설명해 주신다. 인물에 관해서는 출생에서 사망에 이르기까지의 연대와 주요 업적과 사상까지 막힘 없이 일러 주신다. 지금껏 잊지 않고 술술 외우고 있는 것이다. 이럴 때일수록 학문의 넓이와 깊이와 높이를 실감하게 된다. 솔직히 말해 커다란 절벽 앞에서 아득한 하늘을 의식하는 느낌이다. 얕은 바탕과 적공, 부족한 독서량에 귀 밑이 달아오르곤 한다.

모든 일은 순서가 있다. 가는 길이 따로 있고 방법 또한 차이가 있다. 독서활동도 그러하다. 무조건 닥치는 대로 읽는 것만이 능사는 아니다. 그렇다고 정독과 다독을 말하고저 하는 것도 아니다. 나의 독서 경험을 통해서 터득한 내용을 대학에 다니는 아들에게 솔직하게 들려주는 입장에서 말하고 싶다.

먼저, 동물과 인간사회에만 경쟁이 있는 것은 아니다. 책의 세계에도 치열한 생존의 경쟁이 있음을 알고 들어서는 게 좋다. 책은 안에 담긴 알맹이의 싸움이다. 각자의 사상과 내용과 진실을 가지고 서로 다투는 것이다. 인류가 수백 년 수천 년을 살아오는 과정에서 많은 책이 탄생되었다. 이 순간에도 숱한 책이 쏟아져나오고 있다. 사람이 태어났다 하여 모두 귀하게 되며 존경받게 되는 것이 아니듯 책도 엮어졌다고 모두 오랜 생명력을 지니는 것은 아니다. 귀한 뜻을 새긴 책만이 命이 길다는 것이다. 그런 면에서 古典은 귀중하고 값지다. 책을 선택하기에 앞서, 먼저 "책을 보는 눈"부터 바로 가져야 한다.

그럼 어떤 책을 읽을 것인가? 앞서 나는 고전을 이야기했다. 고전은 내용이 훌륭했기에 오늘까지 살아 숨쉰다. 고전을 읽으므로써 옛 성현들과의 정신적인 만남이 가능하다는 입장에서 더욱 권하고 싶다. 원문을 못 읽어도 좋다. 우선 국역으로 된 책이라도 논어나 채근담쯤은 몇 번이라도 통독해야 할 것이다. 거기에 새겨진 인생훈과 처세에 따른 지혜를 알고나야만이 동양인의 정신을 이해할 수 있으며 선조들에 대한 삶을 터득할 수 있다. 그리고 나서 서구문화와 유럽문화를 이해하자는 뜻에서 기독교 정신과 예수의 행적을 알아보기 위해서라도 성경을 한두 번쯤 읽어야 한다고 본다. 하루에 5~6p씩 읽는다면 1년이면 가능하리라 본다. 가능하면 예수님의 설교를 여러 번 읽고 외워 두면 일상생활에 큰 얻음이 있으리라.

다음 위인들의 전기를 많이 읽어 두기 바란다. 학자 · 예술가 · 사회사업가 · 정치가 · 군인 · 경제인 등의 전기를 읽어 그들은 어떻게 길러졌고 어떻게 성장했으며 어떤 꿈(사상)을 지니고 노력했기에 성공할 수 있었는가를 터득함으로써 건전한 인생관을 확립, 뚜렷한 목적의식을 가지고 전진하게 될 것이다.

고전은 시대적年度으로 읽는 것이 좋으며 동 · 서양의 책 또한 그런 순으로 읽는 것이 이해를 돕는 데 좋을 것이다. 책을 읽다 마음 찬 곳이나 정감어린 행을 발견했을 땐 언더라인을 하고 그것을 서브노트에 정리하여 많은 독서록을 만드는 것이 좋겠다. 뒷날 값진 재산이 될 터이니까. 책을 건성으로 보지 말며 억지로 읽지 말아야 한다. 눈빛으로 종이를 뚫는다는 시선과 집중된 정신으로 경건히 바른 자세에서 읽어 갈 것이며 사전과 옥편을 곁에 하고 모르는 부분을 반드시 소화하고 넘어가는 습관이 길러져야 할 것이다.

학교생활에 충실치 못한 나도 방학 동안 만큼은 한 보따리의 책을 짊어지고 조용한 곳을 찾아가 읽어내려 갔던 경험으로 미루어볼 때 방학기간을 충분이 활용하여 평생 동안 그 기간에 감사할 수 있는 알찬 독서생활이 이루어졌으면 싶다.

만 권의 책이 독자를 부르고 꿈틀거리는 자연이 젊음을 손짓한다. 많이 읽고 많이 볼 것이며 깊이 생각하고 음미할 것이다. 그리고 마음껏 즐길 일이다. 또한 고뇌할 일이다. 이것이 대학생의 자유요 의무요 특권이요 특혜가 아니겠느냐.

書中有樂이라! 책 속에 지극한 즐거움이 있다 했다. 고전으로 밑힘을 키우고 신간에서 산뜻함을 맛보면서 부족함이 없는 대학생의 독서생활이 되어야 할 것이다. 책을 가까이 하는 지성인이라면 일용할 식량보다도 정신적인 양식을 갈구해야 할 것이다. 머리가 유연한 젊은 시절부터 좋은 책을 읽는 습관이 몸에 꽉 배어야 한다. 틈나는 대로 책 읽지 않고는 배겨나지 못하는 습성이 일찍부터 길러져야 한다는 것이다.

젊은이는 내일의 場의 주인이기에 기대하게 되고 귀한 존재로 받든다. 오늘날 젊은이들의 행동과 습관이 인류의 내일을 판가름하게 된다는 말이다. 아침엔 좋은 시로 생활의 문을 열고 귀한 책을 읽으며 값진 시간을 보내다 밤이면 반성의 글을 쓰고 성현의 말씀을 읽다 잠이 드는 균형잡힌, 그리고 수준 높은 지성인의 대학생활이 되길 원한다.

3대를 독서하지 않으면 양반도 상놈이나 다를 바 없다고 했다. 아무리 잘사는 가정이라도 책을 멀리하고, 사회적으로 높고 대단한 인물일지라도 하는 짓이 천박하고 무례하다면 정신적인 면에서 볼 때 아프리카의 '정글 맨'과 무엇이 다르겠는가.

(1984)

돌의 자리

완도의 정도리에 갔을 때다. 바닷가에 닿자마자 펼쳐지는 원圓석의 향연에 속마음은 감탄사를 머금었다. 배낭을 내리고 바지를 걷어올리고서 보다 둥글고 의미찬 형태의 돌과 만날 수 없을까 하고 돌밭에 첫발을 딛는 순간 나는 또 한번 놀라운 발견의 기쁨을 맛보았다.

파도가 밀려오는 곳의 돌과의 만남! 이 만남은 어쩌면 운명적 필연이 아닌가 싶었다. 한 자尺 이내의 타원형 돌 중앙은 백마가 하늘로 치솟는 형상이었다. 쑥빛 돌에 새겨진 비마飛馬는 볼수록 눈동자의 포인트가 선명했다. 발과 꼬리 또한 생동하는 기운이었다. 색감에 아쉬움은 멎었지만 그래도 내몫에 안겨주는 자연의 특혜려니 하고 감사했다.

돌을 해저 보물이나 된 양, 싸고 싸서 버스 화물칸에 넣고

좌석에 앉았을 땐 가슴 부듯한 기쁨이 일렁였다.

탐석이라 하여 최초로 가져온 돌은 채석장의 눈사람 같은 형상의 돌이었다. 지금은 밀리고 밀려 고흥에 가 있지만, 번암에서 가져온 인디아민석도, 동계면의 호피석, 유등면의 오석과 무주군의 어설픈 매화석도 첫눈에 깜짝 사랑같이 안겼으나 지금은 화단 가로 밀려났다.

현재 책장 곁 선반에 자리한 돌들은 초기의 경험을 통해, 돌을 보는 눈이 열리고 만남의 인연도 깊이를 더한 것들이다.

우리 집에서 가장 깊숙이 안치된 돌은 무주의 구상화강편마암의 '범선형 돌'이다. 백질부에 계란형의 검은 돌이 박혀 일명 석중석이요 부자석이라고도 하는데, 집에 두고 바라보면 경제적으로 윤택해진다는 속설을 지니고 있다.

다음은 망설이다 가져온 '두꺼비상 돌'인데 지금은 TV 위에서 수백 년의 침묵과 TV의 열린 입과의 대조를 이루고 있다.

사람에게 인격이 있다면 나무에겐 목격이 있을 수 있겠고 돌에는 석격이라는 표현을 쓸 수 있을지 모르겠다. 세상 만물 모든 게 나름대로의 가치를 지녀 평가받게 된다고 볼 수 있기에.

〈돌의 미학〉을 쓴 조지훈은 돌에도 피가 돈다고 하였다. 모든 사물은 보는 이의 안목과 미적 감각에 의해 의미가 달라지고 표현에 차가 생기는 것은 아닐지.

내 상식으로의 수석은 석질과 형태와 색채로 나누어 볼 수 있지 않을까 싶다. 그리고 나서 양감과 골격 균형과 육질, 피면 등을 종합, 돌이 간직한 우주의 언어와 자연이 표상해 주는 예술적 감동을 챙겨볼 수 있겠기에.

수필을 공부하면서부터 언제나 마음 한곳엔 무언가 생각해야 되고 골몰해야 된다는 긴장의 의무감이었다. 하나의 주제를 정하면 집중적으로 추구하고 체계적으로 보완하며 기다렸다. 완성해 가야 하는 심층심리적 부담감인 것이다.

이런 감정이 깊이를 더할 때 나는 가끔 집을 떠난다. 집을 나와 대자연의 질서 속 돌밭을 뒤적이다 보면 가정사 직장사 인간관계의 갈등 등 욕심이나 잡념을 잊게 되고 마음의 때도 씻겨 순수한 마음, 단순한 마음, 평정의 마음, 가벼운 마음이 되어 돌과의 인연도 맺을 수 있다.

'잡초도 분에 앉히면 화초가 된다.'는 말이 있듯이 가치 있는 돌은 받침(좌대)을 해 놓게도 된다. 석당에서는 돌 모양에 따라 좌대를 제작하는데 이것을 연출이라고 한다. 받침대는 고급 자기나 나무로 만들어지는데, 괴목의 뿌리를 잘라 석질과 목질의 조화미를 갖춤으로써 더욱 돋보인 분위기를 엮어내기도 한다.

탐석 때 마음이 빈 때라야 돌다운 돌이 눈에 든다. 충분한 시간을 가지고 텅빈 마음으로 찬찬히 들여다봄으로써 깎임 없는 정확한 감동이 이루어지기 때문이다.

돈을 놓고 돌같이 바라보는 사람은 없을 것이다. 돌에서 얻는 정감과 느낌을 돈과 비교한다는 자체가 속되고 속된 표현일 뿐이다. 달 밝은 밤 창으로 흘러드는 달빛 속에서 돌의 고독과 인간의 고독이 만나면 대화도 되고 서로 위안이 되기도 한다.

돌에는 항시 잠자지 않는 침묵이 있고, 계산할 수 없는 시간이 있으며, 불과 물의 역사가 있고, 땀과 우정이 살아 있다. 온유와 평화가 있고 정적 속 힘이 내재해 있으며 그 돌만이 간직한 의미의 언어가 있다.

탐석 초창기에 황홀하게 만났던 천마석은 지금 수돗가에 가 있다. 제 물이 아니어서인지 물을 뿌리고 온갖 손질을 해도 금시 윤기를 잃고 때갈을 상실, 푸석해져 뭐가 뭔지 모르기 때문이다. 처음은 가장 사랑받던 돌이 방에서 마루로 밀리고 마루에서 화단가로, 이제 우물가의 받침석이 된 것이다. 이 돌뿐이 아니다. 좋다고 반갑게 만났던 돌들이 다음에 오는 돌에 밀려 자리를 양보하게 되고 안방에서 건넌방으로 다시 마루로 화단으로 자리내림을 하게 된다.

사람을 잘못 만난 탓도 있겠고 만나고 난 뒤의 변심에도 괘씸함은 있겠다. 그러나 좀더 객관적인 진실을 밝힌다면 결국 돌 자신의 질적 문제요 형태미의 문제며, 자연으로서의 예술적 가치의 문제라는 본질적인 의미에 귀착하게 된다. 이 어찌 돌과 그 자리에만 한하는 문제이겠는가.

(1985)

밥이 하늘입니다

이철수 씨의 판화 〈밥이 하늘입니다〉를 보면, 밥그릇 속에 하늘이 있고 달이 있고 별이 빛난다. 해가 있고 산이 섰고 강이 흐르며 숲 또한 우거져 있다.

골프 한번 치는 데 몇백만 원을 걸고 즐기는 사람이 있는가 하면, 일용할 양식을 구하지 못해 목줄에 경련이 이는 사람이 있고, 수돗물로 배를 채우다 죽어간 어린 생명들이 있어도 그저 그런 대로 굴러가는 것이 오늘날의 세태다

과학적이고 개인주의적이며 풍요 속의 빈곤으로 중병을 앓고 있는 서구 문명을 앞다투어 맞이하는 게 문화인이요 실력인이라는데 어설프게 외래문화를 익혀 먹지 않아 설사하고 있으니, 동양문화의 아름다움을 재발견해야 한다느니 하면 공자의 몇 대 손이냐고 되물음당하기 쉽다.

우유와 빵이 아침식사가 되고 걸어가며 먹는, 햄버거의 음식문화가 자리잡혀 가는 때에 밥 이야기를 하자니 좀 안됐다는 느낌이지만 그래도 오늘은 밥 이야기를 할 수밖에 없게 됐다.

쌀밥을 먹는다는 것은 아직도 아파트에 살지 못하고 구닥다리 같은 한옥생활을 면치 못함이요 도심에 살면서도 촌티를 벗지 못한 걸음 늦은 사람 같은 느낌이 들 정도로 발전해 온 것이 우리들의 식생활 문화이다.

그런데 나는 보수적인지 자기중심적 사고가 강한지, 변혁의 의지가 부족한지, 한옥생활과 옛 식단을 아직껏 고수하고 있으며 삼식을 밥에 의존하고 있다.

'숭늉!'하면 어떤 느낌이 드느냐?고 물으니 많은 사람들이 일차적으로 '구수하다, 할머니의 정이다.' 그리고 '장작불에 조선솥을 연상하게 된다.'고 한다.

숭늉맛 아는 사람이 깜밥을 모를 리 없다. 나는 외가가 한 마을이어서 가끔 들리곤 했는데, 어려서 외가에 가면 사랑채에서는 동네 젊은이들이 모여 최의원(침을 잘 놓았음)이라고도 하고 서당 선생님이라 부른 어른을 모시고 한문 공부하는 광경을 보곤 했다. 나도 잠시 따라하며 형들의 귀여움과 놀림을 당하기도 했지만 생각하면 하늘천 따지 가마솥에 누른밥 박박 긁어서 선상님은 한 그릇 우리는 두 그릇 하던 숭늉 같은 시절의 깜밥 같은 추억이다.

깜밥과 누른밥은 형제와 같다. 까맣게 탄 밥을 '깜밥', 눌어

붙은 밥이기에 '누른밥'이라 불리어졌다. 그러나 깜밥은 시골 어린이의 과자의 성격이요 누른밥은 어른들이나 소화에 자신이 없는 사람들이 즐겨 먹던 스프의 일종이라 할 수 있다.

깜밥과 누룽지에 대한 욕심은 대단했다. 당시의 어린이들은 오늘날 우량아들의 아이스크림이나 빵 못지않게 그것을 즐겼다. 군침도는 간식이었으며 특별 부식이었다. 솥에서 갓 훑어내어 뜨끈뜨끈한 만큼 주는 이의 사랑을 받는 즐거움이요 정감이었다.

무쇠솥에 장작불 지펴 지은 밥이어야만 깜밥과 누룽지를 기대할 수 있다. 한참 뛰놀다 보면 삐딱한 부엌문을 제끼게 된다. 이럴 땐 깜밥 독촉을 했고, 뜸들이는 동안을 기다려야 했다. 왜 그리도 뜸들이는 시간이 지루하게만 느껴졌는지.

뜸들인다는 것! 이것은 된장 간장 김치 등의 발효과정과 같이 우리 음식 문화에 있어 매우 중요한 기다림이요 인내라는 가치적 의미가 큰 것이 아닐까. 바가지물에 버들잎 띄워 주던 여인의 살가움 같은 지혜처럼.

빵, 우유, 햄버거 등 즉석 음식이 현대인의 주식으로 각광받고 바쁜 세상에 걸맞는 음식으로 그것들이 외국서 서울로, 서울에서 시골을 향해 마른 논 물 스며들 듯하고 있다.

인스턴트 식품을 즐기는 사람들일수록 항상 바쁘다 한다. 눈코 뜰새 없다고들 한다. 항시 쫓기고 쫓아가는 느낌이다. 조급성과 경솔성, 한판의 승부, 끝내주는 인물과 단칼의 주인공

들 모두 뜸들일줄 모르는 즉석 음식문화의 영향 탓은 아닌지…….

이야기가 잠시 담을 벗어났다. 이철수 씨의 〈밥이 하늘입니다〉의 그림 앞에서 나는 가슴 쿵! 한 감등을 만났다. 선비는 가난을 입에 담지 않으며 그것을 즐길 줄 알아야 하고 삼동의 추위에 덜덜 떨면서도 '이놈의 추위 내년 봄에 보자.'고 한다. 그러나 사람이 살면서 어찌 본능적인 욕망을 외면하고 떠나서 살아갈 수 있단 말인가? 그런 면에 비추어볼 때 이 그림은 '진실을 용기 있게' 그것도 한눈에 간파할 수 있도록 표현한 작품이구나 싶은 감동의 파노라마였다.

'문학도 예술도 다 귀찮고 발바닥만 핥고도 산다는 곰의 신세가 부럽다. 무엇보다도 공기만 마시고 냉수만 먹고도 된 똥을 누는 재주를 배우고 싶다.'고 상록수의 작가 '심훈'은 고백한 바 있다. 엿 한 가락 사달라고 보채는 아이를 끝내 울리고만 작가 '심훈'의 가슴을 짐작해 볼 만하다.

이웃들과의 대화에서 우선 먹고 사는 게 급선무 아니냐고 하면 지금 누가 밥 못 먹고 사는 사람이 있느냐고 눈의 흰자위 평수를 넓힌다. 그렇다. 밥 걱정은 불도저로 밀어버린 보릿고개와 함께 사라졌는지도 모른다. 그러나 우리의 낮은 둘레에는 아직도 세 끼 제비 입 벌리듯 하는 아이의 목에 넘겨야할 부드러운 맘마를, 5월의 식물같이 쑥쑥 자라야할 청소년들의 건강한 장래의 뒷바라지를, 기의 모자란 능력 때문에 충분히 감당하지 못해 가슴의 벽을 치며 속울음 삼키는 여윈 어버이들이 많다는 게요, 그것이 곧 〈밥이 하늘입니다〉의 주된 웅변이 아니겠는가 싶었다.

(1985)

나이의 무게

삶의 길이와 나이의 무게는 비례하는 것인가 무관한 것인가. 지혜의 철이 든다는 말이 있는데 이 또한 나이와는 어떤 함수관계일까.

이른 아침 창가에 서 있노라니 아침 가슴치고는 무겁다. 한여름 복 중에 태어난 개띠라서 그런 것만도 아닌 것 같다.

나이는 개개인 생애의 길이와 두께를 뜻한다. 한 사람의 역사에 필름을 되돌려 보면 한 인간의 삶의 과정이 되펼쳐진다.

그것은 나이 많은 눈으로 보면 희미하면서도 또렷하고 정겨운 로맨스로서 그리움의 대상이 된다.

젊은이는 역사의 현장에서 좋은 삶을 창조하면서 멋지게 살기 위한 설계단계이기에 '꿈꾸는 삶'이라 하고, 늙어서는 추억을 더듬으며 지난날의 삶의 편린에 애착을 가지기에 '추억 속의 삶'이라 한다.

조용히 서서 창 저 켠을 바라보노라니, 스무 살 적 첫 직장의 어른이 떠오른다.

그분은 당시 현재의 내 나이였다. 은근한 멋쟁이였다. 실력 또한 정평이 나 있었다. 우수한 두뇌여서 많은 사람들이 부러워했다.

그분은 나를 직장의 막내라 하며 늘 곁에 있게 하였다. 출장길에서는 운동화와 양말을 사주며 열심히 근무하노라면 자기 나이 때에는 당신보다 더 좋은 위치에 있게 될 것이라며 격려해 주었다. 지금 생각해도 자신감 있는 직장생활, 당당한 태도 등 신사적인 분위기가 좋았던 분이었다.

그래서였을까. 어린 나이이면서도 나는 그분이 입는 옷이 좋아 보여 같은 계통의 칼라와 복지의 옷을 맞춰 입었다. 지금 생각하면 웃음이 솟는 일이지만.

그러나 풋가슴 나비 날개 같은 나이였지만 좋아하는 어른을 나름대로의 눈으로 바라보며 따르는 존경심이 그렇게 표현되었거니 싶다. 한편 당시의 어린 가슴은 그렇게 하여 실제의 나이보다 더 올려 보이게 하고픈 몸치장으로서 성숙미를 기대해 보고자 했던 치기어린 심리현상이었다는 생각이기도 하다.

지금쯤 그분은 칠십의 고갯길을 걷고 있을 것이다. 건강한 삶을 경영하고 있으리라 믿고 싶다. 남도와 북도, 도道 하나의 경계이지만 객지였는데다 20여 년이란 세월 속에 끊겨진 소식

아쉽고 그립기만 하다.

사십을 지난 남자는 누구나 악당이란 말이 있어오듯, 나이의 무게를 잊고 지내다가도 인연 있는 이들의 나이를 셈해 보면 자신의 생의 위치를 깨닫게 된다. 나이의 양감量感이 절실해진다. 문장에 있어 단어의 뜻이 쉽게 이해되지 않을 때, 반대어나 비슷한 용어의 뜻을 찾아보면 이해가 빠른 경우와 같다.

잠자리 날개같이 가볍던 어린 철의 나이가 지나고 길지 않은 학창생활을 거쳐 고향을 등지고 생판 모르는 도시로 뛰쳐나와 삶을 개간하며 의지의 말뚝을 박겠다고 허둥대다 보니, 자식들이 젊은 날의 내 나이가 되어 있다. 나는 목월木月의 구름 속에 달 가듯 가는 발 빠른 나그네 되어 해 설핏한 인생길의 수레꾼이 된 것이다.

어느 화가는 진흙 속에서 피어나는 연못의 연꽃을 그리기 위해 사계절 모두를 덕진연못에서 보냈다고 했다. 그 말을 듣고 내가 그의 작품 앞에 섰을 때, 나는 마음의 눈으로 보아야겠다는 또 하나의 눈뜸을 경험하게 되었다.

어떤 스님의 말같이 너무 정에 매이지 말고 마음을 낮게 겸허히 가질 일이다. 허나, 속세의 삶을 쟁기질하다 보면 이용당하고 배신도 당하고 탁한 공기 속 숙명적 우울과 처절한 고독 속에 찬비만 들치는 마음의 벽을 어루만지며 통곡하고픈 순간이 있다. 서글픈 허무감이 구름같이 몰려드는 순간이 너무 많다는 것이다.

소크라테스는 '음미되지 않는 인생은 살 보람이 없다.'했는데, 인생을 어떤 길에서 어느 보법으로 음미하고 걸어야 할 것인가가 가슴의 무게로 얹히는 순간이다.

비록 중고 타이어 같은 인생길일지라도 남은 길 열심히 달려 성실한 삶을 살아내야 한다는 데는 부정할 생각이 없다.

생의 종점으로 기울어져 가는 물리적인 나이가 되어간다. 생명의 잔고에 신경이 쓰여진다는 것이다.

쫓기고 쫓겨 눈덮인 절벽 끝에서 겨울을 나는 설악산의 산양과 같은 입장일지라도, 눈 푸르게 뜨고 마음의 고삐를 되잡아 삶의 보법을 잘 조율해 나가야겠다.

눈치없이 설쳐대고 잘난 척 뒤뚱거릴 나이도 아니다. 직위나 명예가 아깝다는 말을 들을 정도로 천방지축이어서는 불행한 일이요, 기초 교양 없이 까졌다는 말 듣기가 십상이다.

개인이나 기관이나 회사나 학교나 학문이나 연륜에 따른 값의 무게가 요구되는 것이다. 그것이 전통이요, 고궁의 기와에 얹힌 푸른 이끼요, 캠퍼스의 정정한 나무요, 푸른 잔디이든 간에 길이와 노력의 시간만큼 값을 지녀 화폐 단위로 계산할 수 없는 무게가 되어 가치를 나타내게 된다는 것이다. 존경과 덕량 德量으로 느껴지는 나이의 무게를 생각게 한다는 것이다.

돌아가는 물레방아 같은 세월 속에 얹히고 포개지는 나이테, 그에 따라 거칠어지고 굳어지는 외양이야 어찌 할 수 없겠다. 그렇다고 겉늙거나 겁먹을 것도 없다. 흘러가는 세월의 강에서 주름살 펴고 담담히, 만상을 넉넉한 가슴으로 대하며 나이의 무게만큼 의연해져야 하겠다. 어느 날, 차 한 잔 마시고픈 여유로 다방에 앉아 인생과 학문을 말할 때, 한 여학생이 나의 나이를 물어와 "스물을 뺀 청춘"이라고 하지 않았던가.

(1986)

智異山 갈대의 아리랑

들에 핀 갈대는 野草요 산에 핀 갈대는 山草일 뿐이다. 그러나 그것은 3m 안팎의 허약한 키에 긴 목으로 '목 길어 슬픈 사슴'같이 우리 눈안으로 접근해 온다.

갈대는 9월이면 자주색이다가 차츰 연회색으로 변해 수술과 꽃밥도 성숙해 원추모양으로 절정을 이룬다. 그래서 '갈이'요 '갈대'라 했는지 모른다. 갯가의 갈대에는 강강한 힘이 있어 보인다. 수수머리 같은 성숙과 볼륨도 있다. 논·밭 둑이나 들길의 갈대는 수수하면서도 삽상한 느낌이다.

갈대는 산 능선에 핀 게 제격이요 기품이 있다. 갈대꽃 축제를 마음껏 즐길 수 있는 곳도 이런 곳이다.

갈대와 벼의 공통점은 피어 시간이 흐를수록 고개 숙이는 머리 무거움에서 오는 '겸손의 덕'이다.

갈대는 프랑스의 사상가 파스칼에 의해 유명해졌다. 특히 인간의 정신을 생각하는 철학자와 문예인들은 그가 말한 '생각하는 갈대로서의 인간'을 심도있게 고민하지 않을 수 없었다.

1623년 태어나 39년을 살다 간 파스칼은 팡세의 사고의 존엄성에서, 자연 속에서 가장 약한 갈대에 인간을 비유하여 인간과 갈대의 차이점이 있다면 단 하나 '생각한다.'는 것이라 지적하였다. 인간은 생각하는 갈대에 지나지 않는다고 충고하며 옳게 사고하기를 권해 도덕의 본으로 삼고자 했다는 것이다.

시쳇말로 '오른 뺨을 때리면 왼쪽 뺨을 대주고 진단서를 끊어라.'는 말이 있다. 그러나 예수님은 상한 갈대도 꺾지 않는다고 하셨다. 이것이 자연애에 따른 생명 존중으로서 갈대에 비유된 인간학이요 예수님의 사랑철학이 아니겠는가.

갈대의 가을이 되면, '이 강산 가을길에 물 마시고 가보시라.'고 읊은 한하운 시인이 생각난다. 인간 폐업의 선고를 받고 남도땅 황톳길을 밟아내리며 그것을 시로 썼고 그로하여 영상화된 그의 일대기도 한번 더 감상하고 싶다.

영화 이야기가 나오면 〈아리랑〉을 빼놓을 수 없다. 대표적인 구전 민요로서 남녀노소 사이에서 널리 애창된 노래요 조선인의 혼이 박힌 사연의 영화이기에.

아리랑 영화는 춘사 라운규 씨가 1926년 각본 · 감독 · 주연 · 제작한 것으로, 쉽게 추억되는 장면은 주인공이요 정신이상자인 영진이가 악덕 지주이며 일경의 앞잡이인 오기호란 자가 그의 누이를 겁탈하려는 장면을 목격하고 낫으로 그를 살해하게 된다는 것이다. 그 죗값으로 영진이는 오랏줄에 묶여 일경에 의해 끌려가는데 아리랑이 처연히 흘러나와 눈시울을 붉히게 한 사연이다.

영화 아리랑은 일본인과 우리나라 사이에서 속박하는 자와 속박당하는 자와의 대립을 암시, 나라를 빼앗기고 제 정신으로 살 수 없었던 우리 민족이 곧 주인공인 영진이의 입장으로 묘사 연출되었다는 점이다.

광복으로 일제는 물건너간 지 오래다. 그러나 그들이 저지른 전쟁이란 원죄의 유물로 엉뚱하게 우리나라가 남과 북으로 갈라져 6 · 25라는 쟁화로 국토는 얼룩졌고 지리산은 빨치산의 아지트가 되어 무서운 산의 대명사가 되었다.

6 · 25전쟁도 휴전이 되고 민주주의가 시작된 지도 오래이다. 허나, 6 · 25정신의 후유증과 사상의 편 나뉨으로 운명적 피해를 감수하며 드러내지도 못한 슬픔의 섬을 가슴에 안고 살아온 사람들도 적지 않았다.

분단의 슬픔이 고개를 들 때, 통일의 염이 가슴 가득할 때, 나는 영화 아리랑을 생각해 본다. 흑 · 백 무성영화같이 그 시대는 암울하고 단조로웠다. 그러나 하나같이 열의로 뭉쳐 자주독립이란 명제 앞에 헌신적으로 투쟁해 온 민족정신의 값진 삶들이었다. 그렇게 살아온 우리 민족인데 국가적으로 국제적으로 무슨 업보의 죄가 있어 우리만이 분단의 아픈 삶을 지속해야 하는지 생각하면 억울하지 않을 수 없다.

아청빛 가을 하늘 아래 선홍으로 익은 감이 '계절의 꽃'같이 아름다울 때 나는 배낭을 메고 지리산 품으로 기어들었다.

산 암자에서 운명의 짐을 부리고 하룻밤을 지샜다.

이튿날.

돌아오는 석양길, 나는 민족의 영산이라 불리는 지리산의 귀한 메시지를 들을 수 있었다. 놀라움이요 즐거움이 아닐 수 없었다.

그것은 인월에서 운봉으로 가는 길의 지리산 자락 갈대밭의 축제에서였다. 계단식 논둑과 위 평전의 갈대밭, 층층이 길길이 우거진 꽃갈대 숲갈대는 노을빛 받아 참으로 장관의 갈대군락을 이루고 있었다.

악보를 보는 듯했다.

오선지의 曲譜를 읽는 것 같았다.

논둑에 선 갈대는 음표 기둥 끝의 낚시 모양이요 높은음자리표나 이분음표 같았다. 그리고 많은 연주자들이 제자리에 앉아 오케스트라를 연주하는 광경과 흡사했다. 하나님의 지휘에 따른 자연의 오케스트라, 바로 그것이었다.

고요한 가슴으로 귀 기울이니 그것은 신이 작곡한 현대판 아리랑이요 통일의 그날, 우리 모두가 새롭게 합창해야 할 신명나는 한국적 민요였다. 통일된 조국을 위한 신판 아리랑을 지리산 갈대의 군락이 저녁노을 속에 장쾌히 연주하고 있었다.

(1987)

정상에 서면 산이 강물처럼 흐르고
베레모 사연
순수문학을 위하여
하늘 가는 작은 배
종자돈
둔너!
사람 사는 소리를 잃고 있다
새들도 클래식으로 울었다
낙타야 너는 눈물도 없느냐
시내산에 올라

정상에 서면 산이 강물처럼 흐르고

산으로 가는 마음

산다는 것 자체가 변화인 것 같다.

몇 년 전의 생각과 삶이 오늘과 다르고, 오늘의 삶의 길이 내일로 어떻게 이어질지도 모른다.

산을 두고서도 그렇다.

전쟁의 피비린내와 그 훗맛이 영 좋지 않았던 회문산 근처에서 태어나 어린 시절을 전쟁 뒷끝 분위기 속에서 보낸 탓으로, 산은 잔인한 곳이며 무서운 곳에서 함부로 갈 곳이 아니라고 믿으며 커 왔다.

높은 산 근처에 산다는 것 자체가 때론 수치로 여겨졌고 죄

없이 숨기고 싶었던 사회의 분위기 속, 산중 놈 산 타령은 객설쯤으로나 여겨졌다.

그러했는데, 이제 일주일이 멀다 하고 크고 작은 산을 찾아 나서고 있으며, 주변에서도 알 만한 사람은 알고 있는 사실이니 웃기는 일인지도 모른다.

친구 따라 나섰던 산행의 횟수가 포개지고 얹히고 보니 입맛이 붙게 되고 다리에도 어느 정도 근력이 붙었다. 홀로 가는 산행이 되려 소담하여 좋다는 것을 알게 되고부터는 제법 산을 사랑하게 되는가 싶었다. 산을 이해하고, 산을 생각해 보자는 마음이 곧 '산으로 가는 마음'임을 감각하게 되었다.

산은 어떻게 생겼을까?

산은 왜 있는 것일까?

문헌을 보면 약 30억 년 전 지구상에 처음으로 화강암 봉우리가 나타난 이래 지구 내부의 깊숙한 곳에서 움직이는 힘에 의해 산들이 울뚝불뚝 솟아난 것이라고 되어 있다.

산의 일생이란 것도 인간세계에 비유하여 고로古老의 생애와 같다고 했다. 지구의 일생에 있어서의 100만 년은 사람으로 말하면 수일과 같다고도 하는데 산에도 청춘기, 오랜 장년기, 다시 기나긴 노년기를 거쳐 마지막에는 평원으로 돌아가 사라진다고 한다.

산은 대개 400~500m 이하는 구릉이라 하거나 낮은산低山이라 하고, 1,000~2,000m 사이를 중산中山이라 하며, 3,000m 이상을 고산高山이라고 분류하고 있다.

낮은 지역에는 낙엽수림지대로서 참나무와 후박나무 등이 자라고, 1,000m 이상 중간지대에는 낙엽광엽수림이나 침엽수림이 자라며 벚꽃 단풍 등도 볼 수 있고, 2,000m 이상 지역의 고산지대에는 상록침엽수로서 곰솔이나 소나무 눈잣나무 등, 바람이 심하게 불어오는 쪽의 절반이 떨어져나간 고산 전나무의 특이한 '버팀 모양'을 볼 수 있다. 그리고 3,700m 이상의 지대에는 눈과 얼음으로서 수목을 구경할 수가 없다.

이같이 산은 기후차로 인한 동식물의 분포 상황과 생태계가 다르며, 인류 생활에 커다란 영향을 미쳐왔다.

산지에 사는 사람들은 저지대 사람에 비해 심장과 폐가 더 크며 혈액에는 적혈구가 많은 것으로 알려져 있다. 그들은 적응성이 높고 억척 성격으로 자력형이며 개인주의자요 자유주의자로 나타나 있다. 사진으로 본대도 눈에 뒤덮인 알프스 골짜기의 집들, 그것은 곧 은백세계의 촌락으로서 동경의 대상이 되지만 그들의 삶은 우아함과 은밀함 그리고 억센 힘이 아니고서는 불가능하다는 생각이다.

단군 시조가 하늘에서 내려온 곳이 묘향산 또는 구월산이라 한다. 시조는 1908년을 살고 산신이 되었다고 한다. 이때부터 우리 민족은 산신 신앙이 싹텄으며 '산 곧 성소聖所'로서 산신령이 사는 곳, 무서운 곳, 함부로 범하지 못할 곳으로 신성시된 것은 아닐까.

산은 기우제를 지내던 곳이요, 사찰을 지어 정신을 다스리는 곳이며, 사찰마다 산신각을 모셔 치성을 들였던 우리 조상들이었다.

조상의 묘를 산에 쓰고 '산소'라 하였고 묘에 가는 것을 산에 간다 했다. 이장移葬을 산일한다고 했다. 요즈음 기독교의 기원이나 수도원도 산에 위치하고 있음을 보면 우리 민족의 산에 대한 정서와 정신사를 알아 볼 수 있다 하겠다.

산의 역사적 의미

근세 이전에 산은 신앙의 대상으로서의 산이요, 6 · 25 이전 일제 36년 동안은 초근목피로써 목숨줄을 이어주는 자원의 산지로서의 산이며, 일제의 탄압을 피하기 위한 도피처요 독립을 위한 투쟁의 현장이었다.

더 멀리 본다면 불교의 수도장과 동시에 화랑의 도장으로서의 역사적 정신 문화를 인양할 수 있겠다.

6 · 25를 치룬 세대로서는 산의 이미지가 매우 달라지고 말았다. 산의 높이만큼 덩치만큼 아군과 적군의 피어린 격전지로서 생명의 질서를 파괴하고 파괴당하는 불행의 처처요 끝내는 불살라버리는 학대의, 천형의, 몹쓸 육지가 되어버렸다. 슬픈 운명의 산으로 변하고 나서도 벌목과 도벌 그리고 화전민의 가해 행위가 이어졌다.

60년대에 접어들어 우리는 산의 의미를 다시 의식하게 되었다. 산림 녹화 즉 치산치수의 필연성을 절감하게 되었고 마침내는 자연보호헌장이 선포되었다. 때로는 입산금지로 산을 산답게 가슴으로 품어안게 되는 귀중한 활동이 움트게 되었다.

그 후, 대학에서나 사회단체에서 등산과 등반에 대한 관심이 높아짐과 동시에 자연과의 사귐과 친화의 문화로서 산의 철학이 움돋아 우리의 눈과 가슴에 푸르름의 물줄기가 흐르게 되었다. 70년대에는 축척된 등반의 힘이 국외로 뻗쳐 78년 5월 8일 고상돈 씨가 히말라야의 안나푸르나봉에 우뚝 서 하늘 아래 가장 높은 육지점에서 태극기를 드날리게 되었다. 1973년 '지구를 지키자.'고 했던 유엔 환경선언 이후 5년 만의 쾌거요 쾌사였다.

중국인들은 일찍이, 원생고려국 일견금강산願生高麗國一見金剛山이라 했다. 우리나라의 산과 자연을 동경했음이다. 평생 소원의 덕목으로, 그런가 하면 강불천리江不千里요, 야불백리野不百里라 하여 소국으로서 걸출한 인물이 없는 땅으로 얕잡아 보려고도 했다.

어디 중국사람뿐인가.

비행기로 제주도를 다녀온 사람들의 한결같은 느낌이겠지만, 비행기 탄 맛도 느껴 보기 전에 땅을 밟아야 하는 아쉬움이 따르도록 좁은 국토가 대한민국 아니던가.

그러나 죽려장을 의지하고 네팔, 인도, 파키스탄, 카시미르를 거쳐 중동의 사막을 건너 터어키, 시리아, 카스피해 등을 고행으로 밟으면서 스스로를 발견하고 확인하려 했던 혜초 스님의 정신으로 이 땅과 산을 더터 본다면 국토의 의미는 훨씬 새로워질 게요 탄식에만 젖어 있을 일이 아니라는 것을 깨닫게 될 것이다.

도산 안창호 선생은 반도강산에서 한 자씩을 선택하여 그의 호로 삼을 만큼 이 땅을 사랑하였고, 이순신 장군의 충성은 이 나라의 아름다움을 더욱 빛내고 있다. 비록 8천 고지 이상인 알프스산맥 같은 산은 없다지만 우리에게도 백두요 지리요 금강이요 설악으로서의 특징적인 산이 눈부시게 자리잡고 있으며 수려한 강들이 도처에 푸르게 줄기차게 흐르고 있지 않은가.

우리나라의 계절미는 세계에서 으뜸이다.

행동반경의 폭이 좁고 귀 짧아 자세히는 모르나 봄, 여름, 가을, 겨울의 사계절 운행과 그에 따른 아름다움이 TV의 화면 바뀌듯 철철이 변하고 있는 나라가 우리나라 말고 또 어디 있겠느냐는 생각이다. 인간의 일생을 이 사계절에 비춰볼 때, 자연 속의 생명철학 역시 매우 호감스럽다.

산의 계절의 미美

산에도 계절의 미는 살아 있다.

크고 작은 산이건 깨어나는 봄산은 아름답다. 여린 빛과 꿈결 같은 산짐승들의 음성, 살아나는 계곡의 물소리, 아직도 다 삭지 않은 낙엽길이며 짐승들의 음성, 살아나는 계곡의 물소리, 사슴의 어린 뿔같이 돋는 산채와 나무 순이 있어 봄산은 그저 경이로울 뿐이다.

여름산은 뜨거운 태양 아래서도 부동의 자세로 그 빛과 열기를 감내하면서 한곳에서 그늘 짓고 살랑이는 바람을 만들어 낸다. 때론 시원한 바람결로 산인들의 가슴을 서늘케도 한다. 높은 산의 순도 높은 공기며 분위기는 더욱 산을 애정스럽게 하며 산의 품으로 사람을 불러들이게 한다.

타는 노을과 숲으로 온 산을 물들게 하는 가을산이 어찌 내 장산뿐이겠는가.

눈 덮인 설악이며 지리산의 천왕봉, 육덕 좋은 덕유 등 그 어느 산인들 겨울산의 절경이 아닐쏜가.

천지가 새하얀 정상에서 숨길 날리며 새해의 해돋이를 보기 위한 꿈 큰 겨울 등반인의 설렘과 강인한 가슴들의 대면도 겨울산에서만 체험할 수 있는 기쁨이요, 기회가 아니겠는가.

정상에 서면 산이 강물처럼 흐르고 구름장은 바다같이 뜨는데 태양빛이 조화를 꾸며 상상을 초월한 하나님의 솜씨 앞에 가슴 꺾이는 순간 치미는 환희는 숨을 막히게 한다. 실존에 대한 감사요, 자신의 맥박과 전신세포의 노동에 따른 희열이 크다. 결코 인생에 자주 있는 순간과 시간의 기쁨이 아니다.

그래서 등산을 즐기는 사람들은 산의 시간성에 남다른 관심과 준비가 따른다. 아침산과 오후의 산 그리고 일몰과 일출은 물론 저녁 시간을 보내는 데 따른 갖가지의 준비는, 기대하고 맞이하고 인내하고 즐기는 상황들을 각각 다르게 한다.

산도 개성이 있고 개성미 또한 다양하다.

이 산 저 산의 높낮이는 물론 그 특징이며 한자에 따른 이름의 뜻이며, 산의 품에 안긴 산사며 계곡, 그에 따른 여러 가지 이야기들도 찬찬히 살펴보면 독특한 맛과 멋이 계곡의 물줄기 못지않게 살아 있다.

산과 강은 형제요 이웃이며 경계이다.

대개는 큰 산 곁에 큰 강이 있다. 큰 강이 있으므로 산은 자연스럽게 인간과 가까워질 수 있었다. 강이 낳은 문화가 인류의 삶을 이끌어온 점 간과할 수 없듯이 인간의 삶 곁에는 강이 있어 왔다. 강은 산이 솟았기에 산과 강과 인류의 근원적인 동근성을 생각하게 한다.

우리는 건강으로써의 산을 생각한다.

산이 푸르고 깊고 건강할 때 인간의 삶 또한 건강할 수 있었다. 황폐한 산은 홍수와 한발과 지진과 병충해 그리고 폭풍우로써 보복 차원 같은 악순환일 수밖에 없었다.

오염된 공기와 썩은 물을 마시고서 건강한 삶을 꿈꾼다는 것은 망상이요 끝끝내 비극일 수밖에 없지 않겠는가.

산을 찾는 이유

왜 산에 가는가?

무엇 때문에 산에 오르는가? 하는 물음은, 인생은 무엇인가, 무엇 때문에 사는가? 하는 질문과도 같다.

또한 그것은 시인더러 시를 쓰는 까닭을 묻는 것과도 같은 맥락인지도 모른다. 그러기에 대답 또한 각각이요 개성적일 수밖에 없다.

그러나 요즘 등산 인구의 공통된 심리는, 건강을 위해서의 산행이 으뜸이다. 등산을 통해 건강을 얻고 즐긴다는 것이다.

'일일一日의 왕' 기분으로 산을 오른다는 사람도 있다. 또한 모든 것을 버리고 초월하여 텅 빈 가슴 겸허한 마음으로 자연에의 눈 뜸을 탓할 수도 없다.

다시 내 가슴으로 돌아오자.

'산중山中 촌놈'이라는 말이 듣고 싶지 않았다. 전쟁 속에서 생사가 엇갈리던 산으로서 무섭기만 했다. 조상들의 지친 삶 속에서 힘겹고 징그럽기까지 했다. 그런데 그러했는데 이제 산이 그리워지고 찾아나서게 되는 까닭은 무엇 때문일까?

그것은 나를 담고 있는 거대한 조직으로서의 국가적 역사적 변화에 의한 것이며, 가깝게는 시대의 발전이요 생활의 변화였다. 그것들에 따른 사고의 전환이었다.

시대의 흐름에 따라 삶의 방향과 분위기가 충분히 달라질 수 있다는 것이다. 그러나 그보다 중요한 것은 이 땅의 평화와 자유가 그만큼 보장된 것이요, 개인적 감각의 질과 삶의 가치 기준이 넉넉해졌다는 것이다.

헐벗고 가난했던 국토가 이제 울울창창해졌고 국력도 지구의 중심을 향해 뻗어내리듯 우리들의 가슴도 건강해져 값진 의지의 숲으로 가득해 아름다운 삶을 가꾸겠다는 행위 결과 문화가 아니었겠는가 싶다.

산을 찾는 일, 그것은 태초에 말씀이 계셨듯, 산이 있어 자연에로의 귀의 정신으로서 비롯된다. 본래의 자기 가슴으로 돌아가 자연과 더불어 삶을 생각하고 완성하고자 하는 순수 심리이다.

또한 오름의 고苦를 인내하며 홀로 가는 의미와 그 느긋함과 묵직함을 사랑하며, 정상에 섰을 때 강물처럼 흐르는 산의 유연한 맛이며 구름바다의 신묘함을 그리는 가운데 사색의 숲 속 자기를 발견하고 진단하며 속세의 때를 벗기는 정육精肉 간의 맑힘淨化작업이 아니겠는가.

(1987)

베레모 사연

"아저씨, 벌이오 벌!"

동작 그만, 모골이 송연한 순간 뒷머리에 꽂히는 벌침!

"아저씨! 모자에도 있어요……."

베레모에는 7~8마리의 대추벌들이 뒤꽁무니를 움츠렸다 폈다 했다.

웡!— 한 마리가 공중으로 날았다. 순간, 베레모를 땅에 내팽개쳤다. 다시 집어 납작한 돌 위에 모자를 던지고 살며시 발을 얹었다. 다른 벌들이 웡웡 공격해 왔다. 동작 빠르게 위기의 장소를 벗어나 아이들 곁으로 갔다.

"아저씨— 벌 있다는 말 못 들었어요? 우리들이 아저씨를 보며 말했는데—."

욱신거리는 삭신과 치미는 분노를 억제하며 "누가 벌집을 건드렸나?" 하고 보니 10여 명의 학생들이 두 갈래로 나뉘어 있다. 앞서 가던 학생이 건드려 쏘였는지 서너 명이 한 학생의 어깨에서 벌침을 찾고 있었다. 놀라서 물러선 아이들이 내게 경고를 했는데, 생각 골똘히 하산하던 나는 당하고 말았다.

재수 없다는 생각과 함께 정중정중 걸어내리는데 뒤통수의 통증은 심해왔다. 혼자서 벌침을 뽑을 수도 없었다. 아무나 붙들고 뽑아달라고 할 수도 없었다.

40여 분 후 집에 도착, 침을 뽑고 단방약으로 꿀을 좀 발랐다. 연중 30여 회도 더 넘나드는 산길에서 이런 봉변은 처음이었다.

베레모를 쓰게 된 것은 직장에서 갖은 연분 때문이었다. 부서의 책임자였던 K박사는 외국에서 공부할 때 즐겨 쓰던 베레모를 눈 · 비가 오는 날 쓰고 나왔다. 멋스런 이국의 정취였다.

조용한 시간 베레모를 화제로 삼았다. 멋있어 보인다고. 그 뒤, 부인께서 미국을 다녀왔는데, 내게 주려고 베레모를 찾아다녔으나 찾지 못했다는 말을 들었다. 그리고 독일에서 공부하는 친구에게 부탁하여 구해보겠다고도 했다.

겨울날, 그때도 눈이 내렸다. K박사는 모자를 쓰고 출근했다. 그리고 나를 불렀다. 그의 방에 들어서니 베레모를 하나 주었다. 자기는 두 개이니 좀 낡고 작겠지만 그런대로 쓰라고 했다. 순모이니 잡아당기면 약간은 늘어나기도 한다면서 베레모의 고장 이야기까지 들려 주었다.

나는 아직 나이도 있고 하여 잘못 쓰고 다니다가는 '무슨 체'하느니, '시건방 떤다느니', 하는 말을 들을까 두렵다 했다. 그분은 "무슨 소리 하는 게요. 나이 40이 넘고서도 쓰고 싶은 모자 하나 자유롭게 쓸 소신이 없단 말이오. 아니면 남의 눈치나 군담이 두려워 할 일을 못하단 말이오?"하고서는, 눈 오는 날이나 비가 올 때 바바리코트를 입고 이 모자를 쓰고 거리를 거닐어 보라는 것이었다. 낭만이 있을 거리라며.

차마 모자를 쓰고 거리를 나서지 못했다. 심리적 용기 부족이었다. 드라이까지 하여 장롱 속에 둔 모자를 볼 때마다 미안한 마음이었다. 용기를 내어 쓰고서 거울을 보니, 마음에 들지 않았다. 잘못된 이발 뒤의 감정이었다. 작다는 느낌이기도 했다.

지리산 천왕봉을 오를 때 이 모자를 썼다. 동행자의 반응도 의외로 좋았다. 한 친구는 예찬론까지 들먹였다. 기왕지사 그 친구에게 작아서 새 것으로 하나 구하고 싶다 했다. 이 친구 잘됐다며 자기 친구가 지금 서독에 있으니 귀국 때 구해 오도록 하겠다고 자청하고 나섰다.

베레모가 두 개가 되었다. 서로의 친구가 약속을 지켜주었기 때문이다.

독일서 돌아온 친구와 그를 소개한 친구 나, 세 사람은 우정의 물꼬를 트며 기분 좋게 술을 마셨다. 썩 좋은 밤이었다. 모자가 우선 큼직해 마음에 들었다.

독일서 모자를 사온 친구는 원했던 모자가 분명하느냐 물었다. 그렇다 하니, 모자 안에 쌍사자표가 있다 하여 백화점에 가 손짓 발짓, 즉 몸말身語이 통해서 샀다고 하였다.

용기 없어 쓰지 못했던 베레모는 두 개로 늘었다. 비교적 혼자일 때 산행길에서 모자를 삐딱하게 쓰고 나서면 한결 가뿐한 가슴결이다.

그런데 이번 산길에서 벌을 한방 쏘이고는 모자에 대한 감각이 새로워졌다. 모자를 써야겠다는 확신이 다져졌다.

이번 산행에 있어 베레모 없이 대추벌들의 침 세례를 당했다면 나는 어떻게 되었겠는가.

(1990)

순수문학을 위하여

사람도 사람나름이듯, 글도 글나름이다.

사람다운 사람 만나기가 갈수록 어려워져 가듯 글다운 글을 만나 독서하는 기쁨을 만끽하기도 쉬운 일은 아니다.

사람다운 삶을 추구하는 데 있어 따르는 어려움 못지않는 것이 작가로서 글다운 글을 써보고 싶은 데 따른 고민일 것이다.

경제계에 투신한 자의 꿈이 존경받는 대기업의 톱맨이라면, 예맥에 의해 등단하여 활동하고 있는 작가들은 자기의 작품이 많은 이들의 감동 속 기억의 생명력이 유장하기를 바라는 것일 것이다. 그런데 그길이, 그런 작품이 결코 쉽게 탄생되거나 이루어지는 것이 아니라는 것이 대다수 예술인들의 고민사항이요, 피를 말리는 작업의 덫이 되고 있다. 그 고민과 덫이 결국은 문학의 맥을 이어가는 근원이요, 꺼지지 않는 예술혼의 불씨가 되고 있지만.

한때는 독재에 항거하는 글이 잘 쓰여진 글로 애독되었다. 민중시인이요 시라하여 과격하고 저항적인 글이 화끈하여 좋다고 했다. 시대정신이 살아 있는 글이라고도 했다.

한편으로는 독특한 삶을 살아가는 작가의 글이 잘 팔렸다. 아내와의 사별을 노래한다든지, 장애를 딛고 선 자의 글이라든지 속세를 떠난 특수 사회의 사람들의 글이 베스트셀러였다.

자칭 문민정부가 들어서고 민주화의 물결이 번지는가 싶더니 잠잠해져 가고 있다. 시대정신에 입각, 예민한 필봉을 휘드르던 작가들의 목소리도 많이 줄어들고 잦아진 듯하다.

과격한 시나 분노에 찬 함성의 글을 벽에 걸고 평생 동안 바라보고 음미하며 암송하는 일이 가능할까 싶었는데 그것이 기우가 아니었다. 격한 감동과 흥분과 극한적 대립적인 상황의 묘사나 대변적 예술은 일시적이요 시한적이며 역사의 한 면으로 남는 것인가 싶다.

쓰면 쓸수록 어려운 게 글인 것 같다.

중년 나이에 걸맞는 수필 한 편을 써 보잔대도 마음뿐이다.

밤이 눈에 띄이게 깊어가는 시각에 홀로 책상에 앉아 신경의 날을 세워가며 순수한 글을 엮어보고자 해도 붓이 매끄럽게 나가지 않는다.

건축사가 설계 도면을 치듯 글을 짜 놓고도 말 한마디를 찾지 못해 전편을 밀고가지 못할 때가 있다. 글의 위트나 미사여구는 제쳐두고라도 문장의 골격과 문맥의 흐름이 인간의 뼈와 혈관같이 중요하다는 생각을 갖게 되면 더더욱 어렵게만 느껴진다.

그럴 때는 일단 자리를 떠야 한다. 책상과의 거리를 유지하며 붓과 원고지와의 싸움에 휴전을 명해야 한다. 그리고 나서는 옛날 같으면 담배 한 대의 유혹에 끌리고 말지만, 지금은 새로운 언어와 경험과 상상력을 동원하는 비상을 선포한다. 때로는 세수를 하기도 하고 양주 한 잔의 힘을 빌어 보기도 한다.

문학이란 끝내 인간의 문제이다.

글이란 결국 자기 심상화心象畵이다.

순수한 마음일 때 순수의 글이 쓰여지고 순수시가 탄생된다.

어떤 목적의식을 가지고 쓴 글은 이미 순수문학이기가 어렵다. 그것은 목적시와 같이 가는 방향이 눈에 뻔히 보이기에 한정된 독자의 성을 쌓기 마련이다.

그래서인가.

내 글은 힘이 부족하고 재미가 덜하다고 한다. 중년 이상의 나이든 사람에게는 읽혀지지만 청소년들 특히 신세대의 입맛에는 별로라고 한다.

그래도 내가 순수문학을 지향하고 담담한 수필을 엮어가고자 하는 것은 내 나름대로의 삶의 방향이 그렇다는 것이요 거기에 따른 확고한 의지가 있음을 뜻한다. 쓰는 이로서의 개성이 그렇다는 것이다.

솔직히 표현해, 보는 것마다 눈꼴 사납고, 들리는 것마다 귀가 울리고, 만나는 것마다 매스꺼울 때가 많다. 그런데 이런 감정을 모두 글로 표현할 수 있겠는가. 아니면 자식 같은 애들의 말초신경이나 긁어대야 하겠는가.

사업가들이 부를 축척하는 재미에 산다면, 직장인은 승진하는 맛에 길들여져 산다고 할 수 있고, 작가는 자기 작품에 대한 성취도에 따른 보람이 생명일 것이다.

모든 재능은 타고나야 한다고 믿는다.

각 방면에 있어 나름대로의 독특한 재주를 타고나야 한다는 것이다. 문학적으로 표현한다면 천재적 상상력과 품성이어야 한다는 것이다. 천재라고 공정을 아니 닦아도 되는 것은 아니다. 공정을 닦되 같은 기간에 더 많은 수확과 효과를 얻는다는 것이다. 재주를 타고나지 못한 나 같은 사람이야 공정과 노력의 시간을 길게 잡는 길뿐이다.

그러한 가운데 차분히 가라앉은 마음이요 선한 마음의 분위기일 때 참선하는 마음으로 상념의 나래를 펴나갈 일이다. 그런 중 떠오르는 영감을 놓치지 말고 붓 들어 시간에 구애받지 않고 그림을 그리듯 써 보자는 것이다. 이것이 순수문학의 출발이요 탄생이지 않겠는가.

자유롭고 차분한 마음속 사념의 여백에서 솟는 산물[山水] 같은 정서로 욕심없이 강요없이 시대를 잊고 세월을 의식하지 않는 순수 의식 속 고요한 감동의 글을 써보자는 것이다. 나의 삶을 위하여 순수문학을 위하여.

(1991)

하늘 가는 작은 배

강물 위에 동심의 배를 띄워 보냈다.

고무신 한 짝에 다른 짝을 끼워 흘러가게 하며 거대한 배의 진수식이나 된 듯 즐거워했다. 삼대(저릅대)로 물레방아 틀을 만들어 개여울의 물굽으로 회전시키며 하루 해를 보냈다.

산골 아이는 물과 사귀며 지냈다.

흐르는 것이 좋았다. 흘러 흐르는 유장한 물길이 꿈길마냥 좋았다. 종아리의 바짓가랑이를 걷어붙이고 들어가 노닐 때의 강심은 모태 같은 포근함이었다.

개울물은 작은 산물이 모여 된다. 흘러 강의 뿌리가 된다. 강은 바다의 이웃이다. 옹달샘－계곡수－실개천－강－바다는 이소성대以小成大의 법칙이다. 자연의 융합원리이다. 모여 섞여 하나를 이루며 커지면서 넓어진다. 그만큼 깊이를 형성

한다. 그 안에서는 동식물의 생활에 필요한 에너지와 생명세계가 다양하게 펼쳐진다. 그래서 바다는 푸른빛이다. 푸른 청은 청록이요 하늘 빛이며 청춘이며 청명으로서 생명의 빛으로 통한다.

나는 군인을 좋아한 편은 아니다. 그러나 큰 배를 지휘하는 제독이나 창공을 나는 파일럿은 좋아했다. 근사해 보였다. 내가 신세대일 때 관람했던 〈빨간 마후라〉의 영화는 감동적이었다. 주연들의 인기 또한 지금 세대들의 영웅 못지않았다.

바다를 항해한다는 것은 물 위에 배를 띄워 목적지에 이르게 한다는 것이다. 하늘을 난다는 것은 과학의 날개로써 허공을 질러가 신속히 가고자 하는 곳에 도착하는 것이다.

바다를 '떠 간다'는 것과 하늘을 '난다'는 것은 보통 사람의 능력으로서는 상상하기 어려운 일이다. 불가능을 가능케 한 꿈의 현실화 같은 것이다.

검푸른 바다를 떠 가는 것.

높푸른 하늘을 난다는 것은 건강한 젊은이의 꿈이 될 수 있다. 젊어 누구나 한번 꿈꾸어 보고 상상하여 가슴 벅찬 감동을 끌어안아 볼 수 있는 역동적인 사건이다.

지금의 내 나이 반 백, 액면가 50의 아침 창가에 서 있다. 그런 오늘 우연히 〈하늘 가는 작은 배〉란 영감적 수필의 제목을 놓고 생각을 모아가고 있다. 우연인 것 같은데 그것이 아닌 것도 같다.

하늘나라에 갈 때 〈노인과 바다〉에서의 노인 같은 작은 배로 올라 꽃빛 하늘의 별바다를 다니며 살게 될 것인가? 하는 돌연한 생각을 갖게 된다.

그럴려면 첫째 짐이 가벼워야 하고 몸무게도 줄일수록 좋겠지 싶다. 천하를 정복한 알렉산더 대왕이 통속의 철인 디오게네스를 찾아가 내가 알렉산더가 아니었더라면 디오게네스였을 것이라는 무소유의 철학적 사건도 되생각해 보게 된다.

몰골은 마른 명태요 얼굴은 누렇게 뜬데다 해어진 신발에 겹기운 옷의 '장자'는 중국의 전제지배 아래서 진흙바닥 같은 삶을 살았다. 그런 가운데 현실과 싸우며 부자유의 자유를 추구했다는 데 그의 성품과 인격이 돋아 보인다.

특권계급을 부정하고 재물을 사유하는 것이 죄악이라는 생각에 참회록을 썼던 톨스토이는 재물과 계급을 버리기 위해 가출을 했다. 재물을 버리기 위해 죽어 갔다. 재물을 모으다 죽어간 사람이야 인간 대다수이겠지만 계급과 재물을 버리기 위해 죽어간 사람이 톨스토이 말고 얼마나 되는지 모를 일이다.

우리나라는 종교도 다양하고 신도도 어느 나라 못지않다. 그런데 아직 '테레사' 수녀 같은 분을 만나보기가 어렵다. 재벌 총수도 많고 사업가도 흔한 것 같다. 하지만 옷 한 벌 지팡이 하나의 철학으로 살아가는 분이 별로 없는 것 같다.

남 이야기할 것 없다.

나 역시 고민의 7~8할이 나와 가족에 대한 것들이요, 자녀 교육에 대한 것이었다. 국가나 지역사회 그리고 이웃을 위해 밤새워 고뇌하고 기도해 본 일이 없는데 내 무슨 염치로 남 말할 것인가.

우리 한민족은 한恨의 민족인 것 같다고 한 사람이 있었다. 꿈과 원이 너무 많아 포원抱寃을 안고 살아간다는 뜻이다. 외세의 침략에 짓밟히고 독재에 신음하며 강자에게 빼앗기고 희생당하며 원한을 끌어안고 아픔의 세월을 눈물로 살아왔다는 것이다. 결국은 단념하고 포기하고 용서하며 떠나는 생명길인데.

차오르는 욕심을 억제하고 덜어내야 한다.

가벼워져야 한다. 깨끗해져야 한다. 그런데 이 일만큼 어려운 것도 없다. 속세의 욕망과의 싸움! 이것이 한 인간의 생애에 있어 차지하는 비중과 시간의 소모는 엄청나다. 남과의 싸움보다 자기 자신과의 갈등적 싸움이 더 신경소모적이다.

항해하는 배나, 운항하는 비행기나 한정된 탑승 인원이 있다. 정량의 화물 수준도 있다. 무리하게 태우면 사고가 나게 되어 있다. 그런데 사람의 욕심과 소유욕이 정원 초과와 과다적재현상을 빚는다. 결국은 추락과 침몰로 이어지는데.

하늘 가는 범선이나, 하늘을 운항하는 목선이 있다면 그 배도 가벼울수록 좋을 것이다. 마음 깨끗하고 가벼운 사람들의 선착순일 것이다.

성서의 낙타와 바늘귀 격인 부호나, 코끼리 격인 정치인이나, 입으로만 실천하는 종교인, 자기만을 위하는 교육자나 비애국자는 결코 승선할 수 없을 것이다.

겸허한 마음, 겸비謙卑한 자세이어야 하겠다. 강물 위에 종이배 띄우던 동심으로 돌아가야 하겠다. 천진난만한 어린이의 마음이어야 하늘나라에 갈 수 있다는 것은 대중적 상식이 된지 오래이다. 검은 머리가 파뿌리 될 때까지 살았으니 주례가 이른 만큼은 산 사람이다. 하니 흰 머릿결같이 몸도 마음도 깨끗해져야 하고 가벼워져야 한다는 생각이다. 창조주의 뜻 또한 이에 있음이요 선조들의 암시 또한 예 있지 않았겠는가.

지구의 사람생활이 끝나는 날.

학같이 깨끗하고 천진스러운 이들만이 하늘 가는 배를 탈 수 있을 것이다. 그런 사람들이 모여 옥빛 하늘의 별바다를 운항하며 찬송하며 사는 그곳이 곧 천국이겠거니 싶다.

하늘 가는 작은 배!

그런 배 있어 탈 수 있다면 그게 곧 커다란 축복이요 구원이 아니겠는가 싶은 마음이 죽순처럼 솟는 새봄의 아침이다.

(1992)

종자돈

30년 전 일이다.

그러니까 1960년대의 상황으로서 전주 순창간 대중교통 실태는 그 시대를 살지 못했던 세대에게는 믿기지 않는 상황이었다. 하루 몇 대의 버스가 두세 시간 간격으로 왕래하던 비포장 시절이었으니까.

그 시대의 어느 날, 어느 젊은 남자는 전주발, 순창행 막차를 탔다. 창 밖은 먹물 빛 어둠으로 번지다 마침내 장막같이 컴컴한 밤이 되었다. 젊은이는 의자에 등을 대고 눈감아 잠을 청했다. 어디쯤 갔을까 답답한 느낌에 눈을 떠보니 한복 차림의 정숙한 여인이 곁에서 자기에게 기대고 있었다. 잠에 취한 듯.

미모의 여인과 30대의 젊은이는 대화의 물꼬를 트고 이야기를 나누다 순창에 도착, 초행길인 여인을 여관까지 안내해 주었고 어찌하다 같은 방에서 밤을 보내며 사랑하게 되었는데, 이 젊은이 아침에 눈을 떠 보니 여인은 간 곳 없고 머리맡엔 봉투만 하나 놓여 있더라는 것이다.

봉투를 열어본 결과, 그녀는 지금껏 생산을 못해 고민해 오던 중, 부부간의 충분한 의견 교환 끝에 그날 밤 타인의 씨라도 받아 새 생명을 양육하기로 하고 무작정 나왔다가 선생님과 하룻밤의 목적을 달성하고 간다는 내용이었다는 것이다. 그리고 수고의 대가인지 육보시의 보답인지 깨끗한 지폐까지 두둑히 동봉해 있더라는 것이다.

그 여인이 남기고 간 지폐의 의미는 무엇일까 '씨받이'값? 생명의 종자돈, 즉 씨드머니(Seed money)가 아니었을까…….

결혼하는 날을 혼일婚日이라 한다. 글자의 구성이 재미있다. 계집녀 변에 씨氏와 날일日이 위아래로 붙는다. 처녀가 씨를 받는 날이라는 뜻이 된다. 한 집의 대를 이을 후손을 받는 날인데 이 어찌 중대한 의식이요 의미 깊은 날이 아니겠는가. 뜻글자의 묘미를 새삼 되새김하게 한다.

농부는 씨나락(씨벼) 담그는 날도 길일을 택했다. 볍씨 소독도 가급적 손없는 날을 택했다. 농사꾼은 죽어도 종자를 베고 죽는다는 속담처럼 답답한 만큼 정성스럽게 살아왔다.

씨를 받기 위해 기르는 닭을 씨닭 또는 씨암탉이라 한다. 한자로는 종계種鷄라고 쓴다.

씨돼지라 하여 특별히 기르는 종돈도 있다. 종모우라 하여 잘 생긴 황소만을 사육하는 집도 있다. 지역별로 품평회도 하는데 1994년도에는 순창 쌍치의 조명산 씨의 출품 소가 최우수 종모우로 선정되었다.

인심 후하기로 유명한 농부들도 가축의 씨받이에 있어서는 반드시 응보적인 거래가 있었다. 새끼를 낳으면 한 마리를 주거나 사료를 제공하거나 아니면 하루의 노동에 응하는 것이었다. 농경문화민족의 아름다운 씨드머니정신이라 아니할 수 없다.

가축이나 들짐승이나 인간이나 씨도둑은 못하게 되어 있다. 창조주의 다스림의 엄격성이다. 이에 따른 생명체들의 종족 보존의 능력은 끈질기고 위대했다. 이러한 힘이 생명의 질서를 영원으로 이끌어가는 것 같다.

종자돈, 즉 씨드머니이야기를 하다 보니 로열티 생각이 난다. 타인의 특허권이나 상표를 사용한 대가로 지불하는 금전적인 것인 만큼 아이디어 상품이나 기술 개발에 따른 상품의 씨값이요 문화개발의 종자돈과 다를 바 없다.

세계는 지금 씨값, 과학과 학문 그리고 문화의 씨값 주고받기 경쟁이거니 싶다. 빌리고 빌려 주며 자국과 자기의 이익 챙기기에 빈틈이 없다. 소리없는 이 싸움은 인정도 체면도 국경의 경계도 피부의 칼라도 관계치 않는다. 지구의 세계경영은 최고의 기술과 최신의 감각으로써 제일이 되어 앞선 만큼 종자돈을 챙겨 달러의 탑을 높여가고 있다.

기본교육에 투자되는 비용도 인간다운 인간을 위한 종자돈일 수 있다.

기초질서에 투자되는 경비도 최소한의 국민생활을 위한 종자돈일 수 있다.

그러나 무엇보다 중요한 것은 우리 국민만이 느낄 수 있고 간직할 수 있으며 향유해 왔던 문화의 전승과 개발과 보존을 위한 씨드머니가 적절히 쓰여져야 하겠다는 생각이다. 종자돈의 경쟁 분야에서 최후적으로 승리할 수 있는 것은 삶의 질을 결정짓는 인간의 정신문화 분야에 달려 있기 때문에.

글 머리에서 말했듯, 막차를 탄 여인은 씨받이를 위한 그날, 대합실에서 여러 사람 중 그 남자를 택한 이유가 있을 게요 식별의 혜안이 있었을 것이다. 인간성의 핵을 꿰뚫어 보고서 어떤 믿음과 소신이 있었기에 그 남자의 곁으로 갔을 것이다.

사람이 자손을 위한 씨값보다 더 소중한 것이 있겠는가. 가정의 혈통을 무시하고 가족이 행복할 수 있겠는가. 경제도 좋고 교육도 앞서야 하겠지만 좋은 인간성의 교육도 앞서야 하겠다. 그리고 좋은 인간성의 사람을 길러내는 데 종자돈은 우선되어야겠거니 싶다. 인류의 미래 그곳에 있으니까.

(1993)

둔너!

큰 나라의 한 주州만도 못한 곳에서 숱한 사람들이 어울려 사는 세상이라서인지 말도 많고 시끄러움이 떠나질 않는다. 흔한 말로 상대적 빈곤감 운운하며 열받는 순간도 더러 있다.

어느 날 이런 현실에서 훌훌 벗어나고파 지리산 숲속으로 네 발 달린 짐승처럼 기어들어 지면 있는 암자에서 가슴 세탁하고자 스님과 마주앉았다. 그런데 이상하게도 밤 늦게 경상도 사람들이 찾아와 적막은 깨지고 수행하는 분위기는 금세 속세의 저잣거리같이 되고 말았다.

산에서 만난 사람들이라 산사람의 예에 따른 겸손과 우정이 있다지만, 그들 특유의 억센 언어의 가락은 귀에 익숙지 못한 높은 음으로 신경의 날이 평온치 못했다.

한반도의 토어土語 중에서 듣고 이해하는 데 있어 난이도가 제일 높은 것이 제주요, 다음이 경상도가 아닌가 싶다. 모여 앉은 산객들의 입에서 조심스럽게 지역 감정에 따른 말이 나왔다. 그것을 탓하지도 들먹이지도 말자는 방향으로 그러면서 그들은 전라인의 음식 솜씨와 친절과 성실을 말했다. 목욕탕 때 미는 자들의 세심한 동작까지를 체험담으로 들려주었다. 전라인은 손가락 발가락 사이까지 고루 씻어주는데 경상도 때 미는 이들은 돼지 잡는 식으로 대충대충 민다고도 했다.

점잖은 편 말이 없는 사슴은 못 될지 몰라도, 두꺼비같이 눈만 끔벅끔벅하며 듣고 있으면서도 '이 사람 왜 하필이면 때 밀이의 이야기를 하는가.' 싶었다.

말 타면 경마잡히고 싶다고, 서면 앉고 싶고 앉으면 눕고 싶은 것이 인간의 속성인 듯싶다. 편하고 싶고 잘 먹고 입고 싶은 게 인간의 기초본능 같다는 것이다. 그런 면에서 사촌이 논을 사면 배가 아픈 시기심이 동하고, 우정 간의 배알이 꼴리는 심리가 발생하며 그것이 고향주의 지역주의에까지 가는 것 같다. 하늘의 눈으로 보면 두꺼비 씨름 격이겠지만.

지역감정에 따른 사투리로 쾌감을 느낀 사건이 하나 있다.

내용은, 잘 아는 ㄴ이라는 작가가 젊은 시절 국방의 의무를 수행할 당시 경상도의 어느 해안지역에서 근무할 때의 상황을 들려 준 것이다.

ㄴ씨가 부대 배치를 받고 임지에 도착하니 전라도의 병兵이라고 벼르고 있었는 듯 꼬나보며 시시때때로 괴롭히며 두들겨

패더라는 것. 와신상담 속 세월은 흘러 그드 고참이 되었다.

궁리 끝에 그는 어느 날 갑자기 모든 병사들을 강당에 집합토록 하고서, 차렷! 열중쉬엇! 하다가 느닷없이 '둔너!'했다고 한다. 전라 · 충청도 병사들은 말 뜻을 알아듣고 후다닥 풀잎같이 눕는데 경상도 장병들은 둘레둘레 하고 있더라는 것이다. ㄴ씨는 "서 있는 자들은 앞으로 나와!"해서 "왜 누우라고 했는데 서 있었는가?"하고서 기합을 주었다는 것이다.

계획된 기지요, 방언을 이용한 술책이었지만 보복치고는 밉지않은 면이 있음이요, 재미있는 표현이어서 얼굴에 주름을 잡아가며 웃었다.

경상도 사람에게는 미안한 일이요 지난날 군대에서나 있을 수 있는 일이지만, 인과응보랍시고 지금도 토화土話에 따른 이야기나 지역감정 운운할 때면 ㄴ씨의 '둔너' 사건이 떠올라 입가에 미소가 번진다.

(1993)

사람 사는 소리를 잃고 있다

어쩌다 아파트로 와 3층 베란다에서 앞동 20층 위의 하늘을 쳐다보고 있다.

문득 그동안 사람 사는 소리를 많이도 잊고 살아 왔다는 생각이 든다. 소리의 분실 속에 건조하고 삭막하게 그리고 단순한 소리만을 들으며 살아가고 있다는 생각이다.

무화과나 후박나무 잎에 후두둑 비듣는 소리를 잊어왔다. 새벽길 떠나는 사람의 발자국 울림 소리를 잊고 지내왔다. 옆집 앞집 갓난아이의 칭얼대는 소리 들은 지 오래이고 부엌에서 먹거리 장만하던 도마 소리도 사라져갔다. 마루 밑 강아지 새끼 눈 뜨는 소리도 잃었고 어미개 짖는 소리도 까마득해져 간다. 장독 항아리 뚜껑 덮는 소리도 멀어져갔고 갑작스런 비에 빨래 걷는 아내의 바쁜 발자국 소리도 사라졌다. 편지요! 하던 집배원의 음성과 그가 타고 다니던 자전거며 오토바이 소리도 듣지 못한다. 한밤 취객의 주정도, 실례의 소리도 가시었고, 밤 늦은 택시의 엔진 소리도 멀어졌다. 그런데 어찌 새벽잠 떨치고 쇠죽솥에 장작불 지피시던 아버지의 기침소리를, 외양간 쇠방울 소리를 들을 수 있으며 쉽게 추억할 수 있겠는가.

작두소리, 절구통소리, 싸리비질소리, 도리깨소리, 타작마당 궁글통소리, 사발막걸리 들이키는 소리, 휘영청 달 밝은 밤의 다음이 소리, 총회한다고 빠짐없이 나오라던 이장의 외침소리, 어미닭 병아리 품는 소리, 뒷산 소쩍새 소리, 부엉이 소리, 달걀귀신 오는 소리. 살아가면서 꼭 들어야 할 소리다운 소리요 음성이며 삶의 박자요 숨결인 모음母音을 잃어가고 있다. 자연의 음성을 전혀 듣지 못하고 있다. 밤 늦은 아이의 귀가를 기다리며 대문에 귀 대고 지내던 부모의 정성도 가시고, 거나히 취한 음성으로 '문 열어라.'하시던 가장의 호방한 음성도 사라졌다.

오직 아파트 엘리베이터 오르내리는 소리, 문 열라는 초인종 소리와 출입문 여닫는 둔탁한 쇠음 속에서 열쇠 간수와 외인에 신경쓰며 세멘트벽 사각지대에서 건조하게 살아가고 있다.

사람 사는 맛이 느껴지는 생명의 음정은 상실당하고 그저 신경의 날을 긁는 쇠붙이 부딪치는 소리와 냉장고의 소음 · 자동차 도난방지 경보음 · 응급차의 불길한 사이렌 소리 · 전화벨 소리 · 삐삐 소리 · 컴퓨터 작동 소리 · 금전인출기 작동 소리에 마음 없는 마음을 주고 듣고 싶지 않은 귀의 입맛에 길들이고 있다.

소리의 분실시대! 사상의 상실시대! 참사람의 숨결이 아쉬운 시대가 되었다.

우리의 것은 없애고 남의 나라 것만 가지고 산다.

그것이 세계화란다. 세계화가 뭔지 몰라도 우리는 아주 중요한 우리의 음과 정을 잊고 상실당하고 살아가고 있으면서 세계화가 되었다고 한다.

아파트로 이사온 뒤로는, 삼희성三喜聲의 간 곳을 모르겠고 삼악성三惡聲 즉, 자동차 급브레이크소리 · 불자동차 출동하는 소리 · 단수된다는 안내 방송에만 길들여진 것 같다.

창 밖에 수목이 없으니
비의 발자국 소리 들을 수 없고

문 밖에 인기척이 없으니
설레임도 없다

짖는 개 없으니
밉고 고운 사람도 없다.

참으로
사람 사는 소리를 잃고 산다.

(1994)

새들도 클래식으로 울었다

7월 9일, 나라는 못살아도 국민은 부유하다는 로마에서 다시 아침을 맞았다.

06시, 세 블록의 단지를 달렸다. 세월의 이끼가 앉은 소나무에서는 새들도 클래식으로 울고 있었다. 삼색의 나팔꽃과 백일홍 소철과 소나무들이 이국의 아침 거리같이 낯설지 않았다.

08시 날씨는 화창했다. 권순철 가이드가 차에 오르고 "가는 길 오는 길 은혜가 하나 되게 해 주시라."는 관사寬山 선생의 출발 기도 후 차는 시동이 걸렸다.

로마로 간다는 것은 과거로 간다고 생각되었다.

기원전 2세기 기독교인이 지하에 숨어 살았던 '카타쿰배(CATACOMBE+S+DOMITILLA)'의 지하로 들어갔다. 지하 4층으로 이곳은 뚜파가 이루어낸 지하의 무덤도시였다. 연장 길이는 1.380km였다. 기독교인들이 박해를 피해 묘지 지하로 대피해 살았다는 암울하고도 기록적인 기도처였다. 계속 발굴해 가다 물이 고여 중단한 상태라는데 속의 세계는 구절양장九折羊腸이었다.

굴 내부는 응회암으로 손쉽게 굴을 팔 수 있었다. 그러나 바람만 쐬면 돌로 변해버린다고 한다. 노예들이 기독교인으로 가장해 살기도 한 이곳에서의 생활인들은 질식사를 면하기 위해 몇 곳에서 산소 공급을 받고 올리브기름을 이용하기도 했다고 한다.

지하 입구엔 예수님이 어깨에 양을 걸메고 있는 모습이 프레스코기법으로 그려져 있었다. 가이드의 전등불빛을 등대삼아 우리는 잠시잠시 살펴보며 그를 따랐다. 당시의 생존자들은 암흑 속에서 계속 생활하므로 시력을 잃지 않으려고 동틀 무렵 살짝 굴 밖으로 나와 빛을 보고 들어갔다고 한다. 그리스도의 신앙을 지키기 위해 이곳 지하의 극지에서 기도하면서 3백 년을 살았다고 하니 작은 가슴 벅찬 이해였다. 사도 바울과 베드로의 순교지라고도 하는데 물적 증거는 모르겠고 우리는 각자 적당한 장소에서 3분간 기도의 시간을 가졌다.

영화 〈벤허〉에서 네 마리의 말이 달리던 경기장의 팔라티스 언덕과 거짓말을 하면 손을 삼킨다는 '진실의 입'이 있는 로마의 시가지를 구경하며 바티칸을 향해 달렸다. 그런데 로마의 건물은 새 건물이다 하면 800년이요 중고 건축이다 하면 1,200년, 오래된 건물이다 하면 1,600년이거나 기원전 건물이었다.

(1996)

낙타야 너는 눈물도 없느냐

게벨 뭇사(게벨=山, 뭇사=모세).

97년 7월 12일 02시 조금 전 일어났다. 여독은 몸속의 모래 같이 쑤시고 끕끕했다. 몸의 무게가 자주 의식되었다. 피로의 두께였다. 물 한 모금에 영양제 한 알과 인삼가루를 마셨다. 관산 선생님에게도 드렸다. 순수한데다 신앙심 깊은 이분은 퍽 고마워했다. 영양제의 준비는 어느 교수께서 해외 여행의 경험에서 체득한 것을 누나가 아우에게 들려 주듯 자상하게 일러주어 준비했는데 너무도 큰 위안이요 심리적 안정이었다. 이럴 땐 삶 자체가 정보요 정보가 힘 그 자체 같다는 생각이다. 정보를 줄 수 있는 주변의 인연과 피붙이가 있다는 것은 엄청난 행복이요 사회 환경적 파워이며 운명적 프리미엄이다. 최소한 홀로 살아가는 나 같은 사람에게는.

시내산을 오르는데 계곡의 계단길로 가자면 3시간 30분이 소요되었다. 낙타가 있는 정류장에서 낙타의 도움을 받고 하산은 도보로 하자는 데 의견이 모아졌다.

낙타 등에서 졸면 떨어져 계곡으로 굴러간다는 경고와, 몸의 중심이 지나치게 아래로 쏠리면 허벅지 안쪽이 벗겨질 염려가 있으니 잘 잡고 주의해 갈 것과, 교행할 때는 산의 안쪽으로 붙어 가라는 가이드의 주의사항은 긴장을 동반하게 했다.

> 별들도 잠들어/ 깊은 우물 같은 하늘/ 7월 사막의 한밤/ 낙타 등에/ 기도의 짐을 싣고/ 운명의 길을 간다// 낙타를 끄는 소년은/ 6 · 25 당시 한국 어린이 모습…./ 그런데 동양의 어느 이방인/ 낙타 등에서/ 10달러의 지배인 되어/ 소년을 볼 때마다/ 안쓰러워지는 가슴// 천국의 문 있다면/ 소년과 낙타가/ 먼저 들어가야겠다는/ 생각의 샘솟음.

낙타의 수명은 25년 정도라는데 이곳 낙타는 365일 이 산길을 오르내린다고 한다. 어두운 밤 낯선 땅 낯선 사람들 속에서 낙타를 타는데도 두렵지는 않았다. 재수로 얭기는 낙타를 타고 가는데 기우뚱거리는 몸의 중심을 잡느라 당황한 것도 잠시였다. 안장의 앞뒤를 꽉 잡고 흔들리는 리듬에 맡기니 갈 만했다. 호습다기보다는 흔들흔들 겅중겅중 두 박자의 장단이

단조로웠다. 그런 상황에서 나는 자연스럽게 찬송가를 부르게 되고 가요도 흥얼거리다 홀로아리랑도 불렀다. 특별히 노래를 사랑하는 입장도 아니요 민요를 아끼는 국민도 아닌데 속 좁은 우쭐심리였는지 가슴은 가벼워졌다.

짙은 어둑발이 엷어지면서 옆 사람 모습이 보이기 시작했다. 낙타의 긴 목과 다리, 입과 눈과 매말라 보이는 콧구멍은 건조하고 쓸쓸한 분위기 속에서 더욱 어설프고 측은해 보였다.

정류장에서 꿇어앉아 부동의 자세로 목을 세운 채 반추하는 낙타의 모습은 바로 자기의 운명을 씹고 있는 것이었다. 그리고 운명 밖의 모든 일에는 아예 눈 감아버린 짐승으로서의 최후의 자태 같았다.

나는 '낙타의 눈물을 보셨나요'라는 시상을 비망록에 적었다.

> 사막의 세상을/ 사막의 운명을/ 눈물 없이/ 한숨 없이/ 살아내며/ 살아가며 모래산을 가는/ 건조한 운명의 너// 2천 미터의 산길을/ 차오르면서도/ 빛도 없이/ 소리도 없이/ 언어도 없이/ 숙명의 그 길에/ 굳어버린 몸으로/ 잊혀진 꿈과 언어를/ 석고상처럼 응시하며/ 가는/ 낙타의 사막길/ 신새벽 모래산길…// 낙타야!/ 너는 진정 눈물도 없드냐.

낙타에서 내렸다. 한 시간을 낙타 등에 있었다. 어둠은 아직 도였다. 산 중턱 정류장의 불빛을 여명삼아 타고 온 흰 낙타의 끈을 잡고 비망록을 쥔 채 사진을 찍었다. 낙타를 몰고온 11세의 귀여운 꼬마에게 일 달러를 쥐어 주었다.

사진으로 본 낙타의 머리는 내 머리의 한참 위에 있다. 코와 입은 염소같이 순해 보이는데 눈동자는 붉은 빛을 띠었다. 신앙처럼 유순한 동물을 볼 때마다 왠지 슬퍼지는 감정이다. 전생에 나와 무슨 인연이 있는지, 나의 삶의 문화가 낙타의 운명을 닮은 것인지.

(1997)

시내산에 올라

04시 4분, 기독교인이라면 누구고 몽매간에 그리는 성경적 거대한 역사의 현장인 '시내산'에 올랐다. 쌀싸한 아침 산바람이 냉쾌했다. 정상의 바위에는 교회당 한 채가 어둠을 지키고 있었다. 별빛도 하나 둘 깨어나고 있었다. 동편 하늘은 내장산에서 바라보는 낙조의 붉은 기운이 산 이마에서 일어서고 있었다.

일행은 정상 교회의 성벽을 지나 반반한 단석에 끓어앉았다.

순례 주일 예배 순서지를 받았다. 전용석 장로의 사회로 예배가 시작되었다. 묵도의 시간을 갖고 '만복의 근원 하나님'이란 1장을 찬송하고 "너희는 먼저 그의 나라와 그의 의를 구하면 이 모든 것 네게 더 하시리라."라는 마태복음 6장 33절의 말씀에 있는 찬송가를 불렀다. 관산 집사님의 기도가 있은 뒤 출애굽기 24장 1,2절 말씀도 낭독했다. 지영택 목사님의 말씀 선포며 간절한 기도와 축도도 있었다. 그리고 '저 생명 시냇가에 살겠네'와 '날마다 숨쉬는 순간마다'의 찬송가 475장도 의미를 새기며 힘실어 불렀다. 합동예배는 하나님께 상달되어 마무리되었다.

각자의 기도 시간이 주어졌다.

모래밭에 솟은 바위산은 풀 한 포기 나무 한 그루 살려내기가 자유스럽지 못했다. 그러나 산은 솟은 만큼 내려다보이는 시야가 후련했다. 아직도 어둠은 완전히 풀리지 않았다. 여경구 장로 내외는 반석 위에 앉아 자리잡더니 곧바로 기도하기 시작했다. 관산 선생님도 목사님도 모두 자기의 자리를 찾아 기도에 지극 정성이었다. 각자의 삶이 있듯 나이의 무게만큼 사연이 있기에 소망과 소원을 하나님께 고하며 은혜 받기를 희원했다.

나에게도 기도 제목이 있었다. 난간 석대를 부여잡고 꿇어 앉았다.

'주님, 훈이를 꼭 합격시켜 주시옵소서. 한국의 청년 기자로 올곧게 성장시켜 주시옵소서. 그리고 업이가 성공적인 해외 대학 생활이 될 수 있도록 감싸안아 주시옵소서. 진아와 아내와….'

솔직히 어떤 응답을 들었다고 볼 수는 없다. 그리고 나 자신 믿음의 키며 교회생활의 성실성을 따져볼 때 부끄러울 뿐이었다. 양심적인 비아냥에 되바래진 생각도 끼어들었다. 그러나 마음은 든든함으로 차오르고 있었다.

> 삶이 있는 자 사연 있고/ 사연 있는 자 아픔 있어/ 아픔 있는 곳 소망 있기에/ 절실하기만 한 기도/ 하나님은 아신다/ 하나같이 알고 계신다.

하나님은 나무라시겠지만 나는 신앙인의 가슴과 작가의 눈으로 보면서 몇 행의 시심을 따 담았다.

시내산은 시나이산(Sinai Mt.)으로 기록되기도 한다. 야훼의 산으로 불리기도 한다. 출애굽기 20장에는 모세가 이 산에 올라 야훼로부터 십계명을 받았다고 기록되어 있다.

구름이 다니는 길이 있듯 사막에도 길은 있다. 이 산에서 하나님으로부터 인간이 지켜야 할 근본의 10가지 계명이 주어졌기에 기독교인과 함께 인류를 오늘까지 생존하게 했다. 그런데 나는 무슨 뜻과 서약을 얻어 가는가? 다녀간 뒤는 어떻게 될 것이며 달라져야 할 것이 어떤 것이겠는가? 잠시 상념에 잠겼다.

높은 산 꼭대기를 쎄인트 캐도린봉이라고 했다. 시내산에서의 최고봉이다. 캐도린 여성의 유해가 발견되어 캐도린 수녀원이라

하고 성당을 지었기에 캐도린수녀원 측에서 관리하고 있었다.

해돋는 쪽에서 보면 성당은 우리 조상들의 가마터窯를 연상시켰다. 붉은 기운 도는 진흙 빛으로의 둥근 건물과 맞배지붕으로 흘러내리는 맨 위의 지붕 철십자가는 어스름 속에서 신비롭게 보였다.

태양은 솟는가.

산머리에서부터 빛살은 아래로 내려 비치고 있었다. 사막 끝에서부터 해변의 아침 빛같이 붉은 기운이 밀려오고 있었다.

> 시내산 떠오름 빛은/ 그렇듯 눈부시지 않았다/ 넓게 빛나며/ 사막의 산을/ 삼위일체의 성채를/ 정면으로/ 비추이고 있었다./ 부드러운 그 빛/ 믿는 자들의 가슴가슴 껴안음인가.

인간의 만남은 소중하다.

인생의 만남은 역사의 창을 바꿔 놓는다. 아니, 위대한 성인들과의 만남은 인류의 정신사를 다시 쓰게 한다.

태어나 부모를 만나고, 스승을 만나고, 배우자를 만나는 게 사람 살이이다. 개인의 운명 그 만남 안에서 시작되고 결과지어진다. 하나님과 모세의 만남! 이 만남을 말하기 위해 앞 말을 깔았다.

(1997)

3부

수필적 정의情意

수필가의 길

수필가가 수필가에게

작가作家

문장가文章家

도공陶工과 작가

사람답게 사는 즐거움

산이 너무 시끄럽다

사유의 혈통

꽃담문화

수필적 정의情意

산다는 것과 글을 쓴다는 것의 차이는 어떻게 다른가.

목숨을 연명한다는 것과 살아간다는 의미는 다르다. 앞의 말은 자연에 맡긴 소모적 생명 개념의 뜻이요 뒤의 말에는 의식을 가지고 원하는 바를 이루어간다는 동적 행위의 생명의지가 있다.

많은 사람들은 아침에 일어나 양치질을 하고 잠자리에 들기 전 양치질을 한다. 아침의 양치질과 저녁 양치질 사이에 무슨 생각을 주로 하며 사는가? 이 생각의 문제가 인생의 문제이며 작가의 사상적 삶의 골격이 되는 것 아니겠는가.

글을 쓴다는 것도 마찬가지다.

어제보다 나은 오늘의 나를 생각하게 되듯, 어제의 글보다 좋은 오늘의 글을 쓸 수 있다는 데 즐거움과 고민이 있다. 동물적 진화론보다 사유思惟의 진화론이나 사상의 미화론을 생각해보게 되는 이유가 여기에 있다.

그렇다면 수필을 어떻게 써야 하는가.

스스로에게 묻는 말이다. 수십 번 수백 번 묻는 말이다. 글을 쓰기 시작할 때부터 지금까지의 화두라면 화두이다.

내 고장 전주의 합죽선으로 값나간다 하는 것은 부챗살이 36개에 양 켠 갓대를 합하여 40개다. 갓대는 주로 맹종죽을 골라 쓰는데 맹종죽도 세 물째 난 끝 죽순을 대로 키워서 잘라낸 것이어야 좋다고 한다. 그런데 이 갓대를 천 개쯤 깎아내다 보면 최상품 갓대는 오십여 개 정도 나온다는 것이다.

대를 구하는 일부터 시작해 합죽선 한 자루 뽑아내기까지는 106번이나 되는 공정을 밟아야 한다. 대밭을 찾아가서 대를 고르는 일에서 고른 대를 베는 일, 베어온 대를 적당한 길이로 잘라서 말리는 일, 말린 대에서 진을 빼고 대의 원색을 내는 일, 부챗살을 깎는 일, 부챗살에 종이 도배를 하는 일, 낙죽하는 일 등을 한 삼십 년 해야 문리를 얻어 탁한 세상에 맑은 바람을 일으켜 심신의 더위를 삭일 만한 합죽선 한 자루를 내놓게 된다고 한다.

합죽선에서 맹종죽 · 한지 · 쇠뼈 · 오수목 · 대추나무 · 물소뼈 표백 · 칠 등은 수필에서의 언어적 선택이요 신선한 낱말의 선별작업이며 문장의 질료라 하겠다.

또한 합죽선 제작에 있어 일백여섯 번의 공정을 거치는 것은 수필 쓰기에서 첫 행의 시작과 말하고자 하는 중심 그리고 마지막 단계의 여흥까지 하나의 구성과 설계의 과정을 꼼꼼히 챙기어 첨삭하고 다시 추고하는 피를 말리는 정신적 작업에 해당될 것이다.

마지막으로 좋은 갓대를 만들기 위해 서 물째 난 맹종죽 끝순을 잘 키워 잘라낸 것 천 개쯤 깎아보았자 최상품 갓대는 오십여 개에 이른다고 하는 합죽선 제작 과정의 어려움은, 구미에 당기는 50여 편의 수필을 건져 올리려면 천여 편의 수필을 써야할지 모른다는 말과 비유될 수 있다. 여기서 또 그냥 넘어갈 수 없는 것은 합죽선 만드는 사람이 30여 년의 장인생활을 하여 문리가 터졌을 때의 이야기라는 점이다. 그렇다면 수필도 수필가로서 등단하여 장인정신을 터득한 작가로서의 수필 쓰기 작업을 터득한 뒤의 실적을 생각해야 할 것이다.

좋은 수필을 쓰기 위해서는,

첫째, '좋은 품성'을 닦고 길러나가야 한다는 게 나의 믿음이다. 그러려면 건강한 사유의 훈련이 필요하고 바람직한 습관이 필수라는 점이다.

둘째로는 죽음에까지 이르는 철학적 자기 세계의 길이 있어야 한다. 줏대 있는 고집이 있어야 하고 홀로 설 수 있는 강인함이 있어야 한다.

셋째, 도공陶工과 같은 작가 의식이 있어야 한다. 농사짓고 그릇 굽고 고기 잡는 일을 몸소 실천하는 사람들의 검소함과 부지런함 그리고 기도하는 마음이 있어야 한다.

그러므로써 개나 걸이나, 쥐나 개나 마구잡이로 써댄다는 범위의 수준을 뛰어넘을 것이다. 그런 뒤 자기 사유의 혈통에서 오는 분위기를 득하고 그 사람의 숨결과 품성에서 오는 글의 맛을 알아챌 수 있는 수필을 쓰기 위한 적공의 세월을 묵묵히 살아야 한다.

이름을 알리고자 쓰고, 얼굴을 내기 위한 작가의 행세는 정신연령의 치기 시절의 부끄러운 면일 뿐이다. 사회복지가 뒤진 국가에서 끼리끼리 어울려 나눠 먹기식 먹이사냥 같은 사회환경에서 최소한 자기 중심 세계에 흔들리지 않는 줏대의 기둥을 세우는 작업으로 알고 공부하는 자세로 글 쓰는 업을 생각해 보아야 한다.

어느 수필 심사평에서 내가 한 말이다.

수필은 술로 비유하자면 양주 같은 술이라고. 약간의 혈압이 있는 사람도 가볍게 한두 잔 마실 수 있고 마신 뒤 정직하게 취기가 오르며 금세 술기가 가시어 뒷맛이 개운하기에 그렇다고 했다. 그런데 알고 보면 양주의 특성은 술을 빚어 3년 12년 20년 오랜 동안 묵힘의 세월이 있어 그 향과 맛을 지닐 수 있다는 데 주목할 일이다.

수필은 신선한 맛과 감동적 누드 문학이다.

그러므로 교장 교감 선생님의 글보다 산간 낙도의 여성 선생님의 글이요, 갓 시집간 딸이 친정어머니에게 보내는 편지요, 어학연수 떠난 아들의 체험 고백의 가슴 아린 사연 같은 것일 수 있다. 하나의 상통점은 모두 순진純眞과 자기 실토의 진실한 누드 문학적 표현이라는 점이다.

(1998)

수필가의 길

지금도 중앙일간지 신춘문예 공모 사고社告에는 수필이 없다.

'역량 있는 신인을 기다린다'는 모집분야에는 시, 시조를 비롯해 미술평론에 이르기까지 8개 부문에 걸쳐 자세하게 안내되는데도 수필 부문은 없다. 글의 성격 탓인지 작품의 철학성과 예술성 부족 때문인지는 모르겠으나 문학예술계의 아웃사이드가 된 소외감이 서글픔으로 이어진다.

수필이 문학의 본질적인 면에서 문학 동네에 낄 수 있느냐 없느냐의 논란은 일찍부터 있어왔다. 문학의 적자嫡子대접을 처음부터 받지 못한 셈이다. 그러므로 문학 동네의 행랑간 까대기 취급을 당한 설움을 안고 살아온 역사가 있는 슬픔은 지금도 가시지 않고 있다.

우리나라의 수필 역사를 가볍게 훑어보면, 동양 처음으로 수필이란 말을 사용한 12세기의 남송南宋시대 홍매의 〈용제수필〉보다 500여 년 뒤, 박지원의 ≪열하일기≫의 〈일신馹迅수필〉을 들 수 있다.

그리고 갑오혁신 후 근세사의 문학사를 보면, 1927년 1월 초 ≪조선 문단≫ 제 4권 제 1호의 목차에 "감상 · 수필"이란 난이 처음 등장한다. 그리하여 그 이후 수필에 대한 새로운 인식 속에 수필의 텃밭을 일구듯 작품 활동을 한 작가들로는, 이병기 · 이희승 · 이은상 · 김진섭 · 이양하 · 김해경 · 한흑구 · 모윤숙 · 노천명 · 김소운 · 김태길 씨 등을 생각나는 대로 들 수 있겠다.

1980~90년대에는 수필가 양산 시대라 할 만큼 많은 이들이 등단하여 수필가로 활동하는 전성기가 되었다. 그런데 수필의 길로 등단한 작가들이 다른 장르 즉 시나 소설 쪽으로 재등단하여 수필가의 이름을 지우려 하기도 한다. 능력 다양하고 문학적 교양과 덕성이 넘쳐 한 부문으로는 양이 차지 않아 그런가 보다고 생각된다. 그렇다면 애시당초 그쪽으로 시작할 것이지 수필가로 등단해 수필 장르를 간이역 취급하는가? 아니면 금메달을 따기 위한 낮은 체급의 기초과정쯤으로 생각하는 체육인 심리 같은 것인가! 싶으면 썩 좋은 기분만은 아니다.

수필가들 스스로가 자기의 길 지키기를 포기하면 누가 지켜

줄 것인가. 지금껏 수필의 문학성을 위해 앞장서고 문학적 몫 지키기 위한 수필작업에 심혈을 기울여 주신 선배 문인들에게 무슨 할 말이 있겠는가.

따를 수隨 붓 필筆이라, "붓 가는 대로 쓰는 글"이라고 수필을 쉽게 말한다.

이 겉말의 뜻만을 생각하고 그 수월성과 용이함 때문에 많은 예비 문학 인구가 가볍게 달려들어 수필의 질 저하에 한몫을 해대는 것 같다.

한 편의 작품을 "붓 굴러가는 대로 수시로 쓰는 하찮은 글" 쯤으로 생각하여 자기의 잡기장 메모 정도로 생각하면서 '수필가'라는 문화명예적 지명도(name value)만 신경쓴다면 그것은 문학의 모욕이요 모독이 아닐까.

문학성을 외면한 문인을 보면 서글퍼진다.

설령 시작은 약했더라도 나날이 새로운 각오로 문학과 예술성을 위한 치열한 공부로 작가의 수업이 병행되어야지 적당히 등단하여 안이하게 쓴다는 것은 인류의 모듬살이 측면에서도 돼먹지 않는 태도가 아닐까.

수필가로서의 입문은, 엄격한 졸업정원제의 길과 비교될 수 있다고 생각해 본다. 개방대학같이 입문은 자유롭지만 습작의 치열성과 과정상의 단련과 훈련의 전 과정을 중시하는 길이다.

그 어떤 생활과도 비교할 수 없는 고독한 자신과의 투쟁을 거치고 거쳐서 풍부한 체험을 푹 삭혀 감동어린 내용을 나이 든 작가의 깔끔한 문장으로 빚어내는 일이다. 신춘문예와 잡지사의 공모 의도 역시 이러한 뜻에서 멀지 않을 것이다. 그러므로 말이 붓 가는 대로 쓰는 글이지 쉽게 쓰여지는 글이겠는가. 그런 면에서 수필은 웃고 들어갔다 울고 나온다는 어려운 코스의 외국 문학 공부 같은 것이라고 할 수 있겠다.

(1998)

수필가가 수필가에게

윈스턴 처칠은 젊었을 때 자신을 희미하게나마 빛을 발하는 개똥벌레에 비유한 적이 있다. 지금은 개똥벌레도 보호 육성해야 하기에 산수경관이 수려한 무주하고도 구천동에나 가야 제대로 볼 수 있는데, 개똥벌레는 어둠 속에서 희미하나마 빛을 발한다는 데 생명이 있고 꿈이 있어 왔다.

정치인과 예술인들에게 있어 개똥벌레는 어떤 의미가 있을까. 특히 예술인들에게 개똥벌레는 어떤 의미적 존재일까.

울밑에 선 봉선화야 네 모양이 처량하다….

일송정 푸른 솔은 늙어 늙어 갔지만….

무기징역을 선고받고 사는 삶 같았던 일제 강점기의 화가들의 자화상.

차라리 심장도 빙하氷河되어/ 남은 피 한 천 년 녹아/ 철 철 철 흘리고 싶다던 시인 작가들의 작품에는 암흑 속 불빛이 밝다. 꺼지지 않는 혼불로 지켜나갈 의지의 등불들이 대낮 같다. 그날이 천 년 뒤에 온다 할지라도 자유의 그 시대를 위해 얼어붙은 심장으로 인고하겠다는 거룩한 의지의 빛이 살아 있다.

빛은 곧 희망이다. 암흑을 사는 자 앞 등대이다. 눈 뜬 자에게 있어 목적의 대상이다.

작가는 작품으로 말한다고 한다. 작품은 작가의 혼불이라고 한다. 시시한 작가들의 소일거리나 습작을 말하는 것 아니다. 다만, 긴장한 영혼으로 어떤 형벌을 감수하면서 생명을 내걸고 창작하는 작품이야말로 그 사람의 혼이 빚은 결정체적 등불이라 할 수 있다. 혼의 작품일 때, 그 작품은 빛을 발한다고 한다.

작가는 개똥벌레의 불빛철학으로 살고 싶은 것은 아닐까!

일제 강점기가 되었든, 삼국시대가 되었든, 해방둥이가 되었든, 21세기 신세대가 되었든 그 시대의 어둠을 밝히는 불빛적 존재로서 살아가고픈 소망이 아닐까. 자기의 사상적 불빛을 밝혀가며 그 속에서 운명을 살다 간 뒤에도 그 빛이 오래가기를 희망하는 집념의 고집쟁이요 고상한 오기쟁이가 아닐까-.

문학세계의 작가에게는 특히 그러한 면이 두드러진 것 같다. 설령 잘못된 이해일지라도 그런 면이 없는 작가라면 한 시대를 뛰어넘는 작품을 생산하기엔 부적합한 것 아닐까.

지금처럼 작가가 많은 시대는 없었다. 특히 수필가가 양산되고 기성 작가로서의 인구가 바다 같은 때는 없었다. 독서 인구를 포함한 문학 인구가 많다는 것은 선진 문명세계로 가는 길에서의 축하할 국민적 국가적 쾌사다.

그러나 작가가 독자인구보다 많다는 기형시대라면 생각해 볼 일이요 작가의 작품 역량이 독자보다 밑돈다면 순서가 바뀐 상황논리가 아닐까. 이때 참으로 별 볼일 없는 작가가 영혼의 등불을 켜들고 고행하는 고귀한 작가의 얼굴에까지 ×칠하는 꼴이 된다는 데 있어 죄인스럽다는 생각이다. 흉내낼 게 따로 있지 교사나 교역자나 작가의 흉내는 삼가할 것이, 그것이 곧 사람을 만들어 가는 길이요 사람의 영혼을 다스리는 신적 역할의 위임적 엄숙성이기 때문이다.

90년도 중반 나는 ≪하늘 가는 작은 배≫라는 수필집을 냈다.

그때도 나는 〈수필과 수필가〉라는 꽤 긴 수필을 실었다. 순수문학으로서의 수필을 생각하면서 써본 글 이랑들이었다.

수필의 운명을 생각하면서, 수필가로서의 문학세상에서의 몫과 생명력을 안타까이 고민하면서 "붓 가는 대로 쓴 글"의 예술성의 빈곤과, 남이 시장가니 할 일 없이 장에 가는 어리석음의 경계를 자신의 입장으로 생각하면서 참회적 공격성의 글을 쓰고 싶었다.

참고삼아 한 대목을 따 옮긴다면,

"수필가 양산시대를 맞아 이대로 간다면 한 집 건너 수필가가 살고 있는 시대가 될 것이요, 더 나아가면 한 집에서 서로 수필가라고 우기는 때가 올지도 모르겠다."는 내용이었다. 그리고 "한국의 명화名畵"라고 추켜들 만큼 좋은 그림을 그리는 작가와 작품이 있듯, 그러한 수필을 쓰던 참다운 수필인들은 자기의 수필정서와 시대 상황이 맞지 않다고 붓을 던지고 있는 면을 주시하면서 그 안타까움을 표현하고자 했다.

그 후 80객이 되신 초정 김상옥 선생님으로부터 전화가 걸려왔다. 책 잘 받았다며, 이 말씀 저 말씀 서울과 전주 사이의 시외전화가 30여 분간 이어졌다.

어른의 말씀은, 쓴다고 다 글이 되는 것 아니며 수필 쓰는 게 쉬운 일 아니라는 것이었다. 책의 상업성을 배제하고 한눈 팔지 말고 지조 있게 죽음의 뒤까지를 생각하면서 서릿발 같은 작가의 길을 가라는 지엄한 경계적 격려 말씀이었다.

지금껏 나는 선생님을 한번도 뵌 일이 없다. 서신 연락이나 전화 통화도 그때가 시작이요 끝이었다. 그래서 더욱 그 어른의 말씀이 뇌리에서 지워지지 않는지도 모른다.

수필은 못 써도 좋은데 수필가에 있어 이 가家자가 항시 나에게는 부담이었다. 차라리 독서인이라는 말이 편하겠다는 생각이다.

처칠이 말한 희미한 반딧불의 개똥벌레철학은 겸손의 뜻에서 한 말이지 수필가입네 하고 폼 잡고 뽐내보려는 차원의 언어구사 같은 것은 결코 아니었을 것이다.

(1999)

작가作家

이름 있는 여류 시인에게 문학청년이 찾아가 시인이 되겠다며 한 말씀을 부탁했다.

시인은 청년을 한참 동안 바라보다가 '모든 인연과 조건을 외면하고 글공부만 할 수 있으며, 굶어 죽을 각오가 되어 있느냐.'고 물었다. 섣불리 덤빌 생각이면 일찍 단념하고 굶어 죽을 각오로 하겠다면 똑바로 하라는 경고였다.

나는 스스로 작가라는 생각을 가져 본 일은 없다. 그러나 남이 소개할 때 수필가라고 말하는 경우는 있다. 듣는 이에게 비중을 두어 소개하고 싶은데 직장에서의 위치도 가늘고 사회활동도 변변치 못하니 수필가로 이름 지으며 글이 괜찮다고까지 한다. 그 순간 나는 얼굴의 열기를 느끼게 된다. 약간의 주늑도 따른다.

당당하지 못한 태도는 뒷받침되는 물적 심리적 공백상태가 있기 때문이다. 실력 있는 이에게 매맞기 싫어 알아서 겸손히 묻히는 비겁성도 있다. 사실이다. 수필집을 네댓 권 냈어도 흔히 말하는 대표작이 있는 것도 아니요 자비 출판이었으니 제 돈 내고 제 이름 새기기지 그게 무슨 대단한 수확이겠는가.

어려서부터 일기와 영화 감상문을 써 오다 고등학교 때 교지에 작품을 발표한 것이 연緣이 되어 한번 해보자던 마음이 가리방 필경사 노릇을 하고 등사해서 제본해 책으로 엮는 경험이 오늘로 이어졌다.

그리고 전북문학 54집부터 작품을 발표하는 동안 동인이라는 인연 속에 훌륭한 선생님을 모시게 되어 작품다운 작품에 눈을 주기 시작했다. 그러한 과정 속에서 선생님은 가끔씩 "짬도 모르고 덤벙댄다."고 했다. 뎃생공부도 하지 않는 학생이 추상화를 그려 입선을 꿈꾼다는 뜻이요, 문짝 구멍 하나 제대로 뚫지 못한 실력으로 대목수 노릇 하려든다는 분수 밖 행동을 말씀한 것이다.

대학에서 국문학을 공부하지 않고서도 전업작가로 좋은 글을 발표하여 유명해진 사람도 많다. 초등학교에 근무하면서도 좋은 글을 써 한국적 시인으로 존경받는 이도 있다. 그러나 지명의 나이를 산 지금에 와서 생각해본대도 어려서부터 제

길을 밟아 단계별로 법도 있게 공부하고 노력해야만 뿌리 깊은 나무의 삶이 될 수 있으며, 작가로서의 경륜의 값에 충실할 수 있다는 생각이다.

또한 산맥이 있듯 인맥이 있고 학연이 있듯 학맥이 있다. 어느 곳에서 공부했는가, 누가 스승인가, 누구와 함께였는가…. 작품의 맥결과 문장의 흐름과 문체를 보면 비교적 쉽게 알 수 있다. 책의 서문과 발문을 읽어보면 더더욱 도지게 드러난다. 토씨 하나를 놓고도 몇 시간을 담배 연기 속에서 고민하는 사람이 작가 아닌가.

작가의 길은 장사꾼의 길도 아니고 정객의 길은 더더욱 아니다. 평생을 보장받는 법조인도 의사도 아니다. 원고지 칸을 메우면서 살아가는 나약한 종이벌레인지도 모른다.

그렇다면 작가는 누구인가.

선생과 스승 사이에 존경의 차이가 있듯 글쟁이와 작가 사이에도 차등이 있다. 문인과 문사文士의 격 또한 거창하다. 내 생각에 따른 작가의 몫은 신의 영역으로서 신의 메시지를 대신하는 표현적 성스런 의무가 있다는 점이다. 그런 사명감의 무게를 느껴보지 못하고 건성으로 써대는 자칭 작가는 속인 중에서도 하질이다.

작가는 낱말 뜻대로 창작활동을 전문적으로 하는 사람이다. 중국의 뜻글로 보면 집家 짓는作 사람이다.

시인은 진주 같은 언어의 집을 짓고, 수필가는 개성 따른 전원주택 같은 집을 짓고, 소설가는 강 같은 이야기의 집을 지으며, 평론가는 이들이 지은 집들을 규모에 따라 제작 의도며 과정의 정성이며 수명도를 두드려 가며 감정한다.

어려운 이야기지만 사람도 사람 나름이듯 작가도 작가 나름이다. 자연의 생태계에 비하면 들길의 풀섶에 집 짓고 잠드는 풀벌레가 있는가 하면, 화장실이 낙원인듯 그곳에서 일생을 마치는 구더기도 있다. 요체는, 질 좋은 뽕을 먹고 비단실을 뽑아내어 '고치'라는 집을 짓는 누에가 제대로 된 작가의 눈에는 크게 보인다는 점이다.

(1999)

문장가文章家

'누가 강에 새을乙 자를 써 놓았는가.'

이는 강심에서 한가로이 노닐고 있는 물새를 보고 표현한 어느 문장가의 말이다.

문장도 기술이다.

문학이 예술이요 예술이란 술術자가 꾀술, 기술 술(artifice)이라고 보면 더욱 그렇다는 생각이다.

책을 읽다보면 가슴에 쩍 달라붙는 말이 있다. 기막힌 문장 앞에서 한순간 호흡이 정지되기도 한다. 깊은 밤 홀로일 때의 만남은 스스로의 무릎을 치게 한다. 반면, 나는 멀었어, 안 되겠어, 하는 막장의식에 젖기도 한다.

그래도 척박한 가슴 가꾸겠노라고 선택한 책을 꾸준히 읽어가다 신선한 사상이나 아름다운 문장을 접하게 되면 그 아래

밑줄을 그어 표시를 한다. 그리고 한 권의 책이 독파되면 밑줄 친 단어와 문장을 차례로 독서록에 옮겨 적음으로써 한때의 독서활동은 끝이 난다. 그동안 나는 80년대 후반에는 한국문학에 연재되던 ≪태백산맥≫을 읽으며 시간 보냈고, 90년대 초반에는 ≪토지≫를 읽으며 나날을 보냈다. 그리고 다시 조정래 씨의 ≪아리랑≫을 읽으며 마음은 중국땅을 넘나들었고 다음으로는 최명희 씨의 ≪혼불≫을 읽으며 중년의 나이를 살았다.

태백산맥을 읽기 시작할 때는 독서카드를 별도로 구입하여 가나다라순으로 색인표를 붙였다. 그리고 문장 첫 글자의 자음별로 골라 적어넣었다. 아쉬운 점은 문장의 내용과는 다른 언어들이 모여진다는 것이었다.

태백산맥에서 따 담은 지금의 단어모음집은 방안 책장 속 10년 넘은 세월이라서인지 지면의 탈색과 함께 볼펜으로 쓴 글자 자국의 그늘이 희멀금하다. 색인표의 댓자국은 정은 남아 그대로인데 모습은 낡아가는 자화상 같다. 그래도 내겐 소중한 독서록이다. 왜냐면 거기엔 작가가 몇 년 동안 현장을 답사하고 머물면서 채록한 내 고장 전라도 근본 언어인 사투리가 고스란히 정리되어 있으면서 내가 부를 때만을 기다리는 군졸들 같기에.

말이 청산유수 같다고 하듯, 미사여구의 문장은 많다.

글로만 본다면 평생 화내지 않을 사람이요 실수도 없을 것 같다. 손해만 보고 살아도 가슴속 구름 한 점 없이 살아가는 꽃밭 같은 사람살이다. 그런데 나는 이런 경우 헛구역질을 느끼게 된다. 외제 화장품으로 지나치게 치장한 여성의 지독한 냄새 같은 느낌을 받기 때문이다.

문장이 모여 하나의 작품이 되고 작품은 때때로 아름다움을 요구한다.

작품은 작가를 말하고 작가는 작품이 분신으로 느껴진다. 그리고 작가는 작가 이전에 한 인간이요 사회적 동물생활을 한다. 그렇다면 한 세상 살면서 어찌 아픔이 없으며 눈물이 없고 분노가 없겠는가. 그렇다고 이런 감정을 폐수처럼 방류하라는 것은 아니다. 아픔도 슬픔도 기쁨도 고이게 하고 삭게 하여 여과시키고 정화시킨 정금精金 같은 솔직한 내용을 작품 속에 담아야 진실해 보이고 진정되어 보인다는 것이다. 미문만 생각하고 화려한 구절 속에 시간 보내려면 음악감상실이나 화랑으로 발길을 돌리는 것이 좋다. 문장에 그 사람의 목소리와 체험적 아픔과 신념의 뼈가 없다면 갓 넓은 이조시대의 사대부와 팔자 좋은 기녀 놀음 같다는 것이다.

문단의장文短意長이란 말이 있어왔다. '짧은 글 긴 뜻'을 이름이다.

최대절약의 수법으로 최대 효과를 거두라는 뜻이다. 시를 두고 한 말 같지만 수필에 있어서도 놓쳐서는 안 될 명문이다. 짧은 글 속에 긴 뜻의 여운을 남기라는 것은 한국화의 여백 문화같이 문장의 여운으로 독자의 상상의 자유를 염두에 두라는 뜻이다.

윤오영 씨는 문장의 표현에서 간결, 평이, 정밀, 솔직의 네가지를 들었다.

구양수 씨는 삼다법으로 간다看多, 주다做多, 상량다商量多를 말했다.

시대 변해 컴퓨터사회가 되었지만 문화의 본질인 뼈대는 의구하다.

다독은 정보의 접촉으로 저장 기능을, 많이 생각한다는 것은 저장된 정보를 응용하여 새로운 프로그램을 개발하듯 신선한 사상과 문장의 창출을, 많이 쓴다는 것은 컴퓨터창에 띄운 내용을 다듬고 지우고 개작하는 가운데 좋은 글로 만들어라는 것 아니겠는가.

범사에 쉬운 일이 어디 있는가.

문장보국이란 말 있듯 문장에 능한 사람을 보면 앞이 콱 막힌다.

생각도 중요하지만 표현의 묘 또한 그에 못지않다. 그래서 문인은 하늘의 별같이 많아도 문장가는 샛별같이 드문 것 같다.

(2000)

도공陶工과 작가

백자항아리를 그윽이 바라보고 있노라면 가슴속에서는 가을달이 뜬다.

보름을 지낸 밤의 동녘 하늘에 뜬 달, 한곳에 머물러 지구위 같이 도는데 그 달빛마냥 백자항아리의 살결 같다.

망향의 한국도자기로서 오오사카시의 동양도자미술관에 있는 "청자양각 죽순형 주자青瓷陽刻竹筍形注子"라는 자기를 도록에서 보면, 네 겹으로 싸인 죽순 껍질에 실핏줄보다도 섬세하게 이루어진 선각, 대뿌리 형태의 손잡이와 휘인 대 마디형 수구水口, 죽순 껍질을 밀치고 붓끝처럼 뾰쪼롬히 치솟는 주전자 덮개의 새순을 조용히 바라보고 있으면 한순간 숨이 멎는다.

뜻 품어 그릇을 굽는 도공의 공정을 문헌에서 살펴본다.

첫째, 도공은 바탕흙이라는 소지토素地土를 찾아나선다.

강진이든 부안이든 이천이든 사용 목적에 따라 알맞는 흙을 찾았을 때, 그는 그곳에 가마터를 마련하고 정착한다. 그리고 그릇을 빚기 위하여 마른 흙을 잘 분쇄하고 적당량의 물을 부어가며 반죽을 한다.

둘째, 성형단계로서 앙금질한 태토胎土를 짓이겨 물레에서 도자기 형태를 이루어간다. 물레에는 손물레 성형과 기계물레 성형이 있는데 물레 위에 태토를 놓고 발로 물레를 돌리며 손으로 목적물을 만들어간다.

셋째는 건조과정이다.

형성된 물체의 수분을 제거하는 일로서 필요한 강도를 염두에 두고 구워지는 과정에서의 위험성이 따르지 않도록 한다. 이 과정에서는 부피의 수축이 진행되므로 잘못 관리하면 물기가 달아난 곳에 틈이 생기게 되므로 흙 입자의 표면에 흡착되어 있는 물기의 제거에 유의하게 된다.

넷째는 시유작업으로서 그릇을 빛내기 위하여 소지에 유약을 바르는 것이다. 바탕흙 표면에 광택을 주어 장식미의 효과를 높이기 위한 그릇 표면의 매끄러움을 위한 작업이다.

다섯째는 유상채식이다.

도자기에 그림을 그려 넣어 고상한 멋의 격을 높이려는 멋부림이다.

여섯째, 마지막 단계의 굽는 작업으로서 소성燒成이다.

이때 도공은 목욕재계하고 꿇어 엎드려 천지신명께 마음 바쳐 기도를 한다.

소성은 겉구이라 하여 초벌구이와 광택구이인 본구이 그리고 채식구이로 구분된다.

자기 제조에 주로 쓰이는 초벌구이는 필요한 강도를 위해 800~900℃의 낮은 온도로 굽는 것이요, 광택구이는 초벌구이 한 소지에 유약을 칠해 광택이 날 때까지 굽는 참구이를 말한다. 채식구이는 광택구이 한 제품을 장식하기 위하여 기름과 같은 유상채 색료로 채화하든지 전사지轉寫紙로 베끼어 낮은 온도로 구워 유상채를 융착시키는 것이다.

수필 창작과정을 도자기 굽는 공정과 비교해 보면,

첫 번째의 소지토에 해당하는 수필작업은 부단한 노력의 독서활동이다. 아름다운 모국어를 발견하고 언어의 바다에서 훌륭한 시와 수필을 가려 읽으며 직·간접의 경험을 축적하는 일이다.

두 번째의 물레질에 해당하는 일은 수필에 있어 작가의 가슴에서 진행된다. 하나의 테마를 설정하여 수필을 쓰기 위한 생각의 물레질은 지극히 조용한 시간 영감적으로 얻어지면서도 보통은 쇠절구공이를 갈아서 바늘을 만든다는 선현들의 수련과정을 마음에 둔 수필의 성격 결정과정이다. 그리고 언어의 반죽과정으로서 작품의 초벌구성단계이다.

세 번째 건조과정은 자기가 소묘적으로 구축한 수필의 집을 뜸들이기 위해 한 세월 묵혀 두었다 충분한 시간이 흐른 뒤 다시 뜯어보고 맞춰보는 것으로 문맥의 흐름과 글의 짜임새를 다시 고찰한다는 뜻이다.

넷째 시유에 해당되는 점은 글의 광택을 생각하는 일로서 신선한 이미지와 자기만의 독특한 문장의 창출을 생각해 보는 일이다. 개성과 문정文情의 흐름을 궁구하는 일이다.

다섯째 채식작업은 글에 있어 문체를 살피는 노력이다. 시중유화詩中有畵란 말 있어오듯 글의 빛남과 요점의 정리 그리고 역동성을 생각해 본다는 것이다.

여섯째의 소성은 뜻 굽는 수필가로서 글의 내용에 따른 모든 작업이 갖춰졌을 때 가마터 같은 자기 서실에서 차분한 가슴으로 촛불 밝혀 자신의 심장에서 피어 오른 1,300℃의 열기로써 문장을 완성해 나간다는 뜻이다.

끝으로 여기에서 생각해 볼 점은, 마음에 들지 않는 모든 도자기를 파기해 버리고 오직 한 점의 명품을 집어들고 신께 감사드리는 도공의 정신이다.

백자항아리를 가슴으로 그윽히 감상하듯, 옷깃 여미고 책상 앞에 앉아 가슴 가다듬어 책장을 넘기는 독자의 영혼 앞에 바칠 수 있는 품격의 글인가를 고뇌하는 작가이어야 한다는 것이다.

등단 전에는 남의 까대기 방에서 호롱불 심지 돋워 가며 맑은 정신으로 추천작을 쓰기 위해 밤을 새웠다. 그때의 화두는 수필가로서의 등단이었다. 등단한 지 이십여 년, 일곱 권의 창작집을 소유하게 되었다.

그동안 우등생은 못 되어도 개근상은 받아야겠지 하는 마음으로 정진했다. 그러나 칡뿌리 뻗듯 뻗어내리는 귀밑의 흰머리 앞에 세월의 낭비감만 애절하다. 그래도 다시 시작하겠다는 새로움으로 뜻 굽는 도공의 가슴을 염두에 두고 "도공과 작가"의 정신을 또 다른 화두삼아 정진해야겠다는 생각을 해본다.

(2000)

사람답게 사는 즐거움

세월을 두고 생각해 보아도 내 삶의 즐거움은 독서에 있다는 믿음이다.

독서하는 자세도 여러 형태요 책을 대하는 시간과 환경에 따라 정신 집중은 물론 내면의 감흥도 다르다. 하지만 독서다운 독서를 통한 정신적인 기쁨에 이르는 것, 이것이 순수한 즐거움이요 사람답게 살고자 하는 길의 정신적 희열이며 공부하는 이들의 맑은 오르가슴이 아닐까.

덥고 춥고 헐벗고 굶주리고, 좋은 자리 궂은 자리, 유능 무능 그리고 무자식 상팔자라고까지 말할 정도로 삶에 근심이 턱에 차오르는 세상 속에서, 이일 저일 허겁지겁 좇아다니다 보면 세상은 너무 넓고 할 일은 다양해졌다는 생각이다. 사람들은 영악스러워졌고 가슴속은 가뭄든 논바닥처럼 갈라져 있다는 것을 실감하게 된다.

나도 중생의 일원으로서 아버지요 직장인이기에 여러 가지 인연 속에 순간적인 욕심이며 욕망이 장대비 같을 때가 있다. 그렇다고 그런 일들이 이루어지는 것 아니요 이루어지지 않는 경우가 더 많아 가슴은 탁해지고 그로 인한 감정의 바이러스는 주변으로 전염되어 삶의 그늘이 되기 쉬울 뿐이다.

심신이 지치면 깊은 수면이 필요하다. 그리고 수면에서 깨어나면 바람을 쐬면서 정신을 불러 맑혀야 한다. 그러므로 주변에 숲이 있어 산책을 할 수 있다는 것은 청복이요 산책 속의 명상은 정신의 다듬이질이요 영혼의 다리미질이 되어준다.

≪사람답게 사는 즐거움≫이란 이덕무 씨의 책을 짬맞게 구했다. 귀한 만큼 내 방의 안두에 올려놓고 들고 날 때, 자고 깰 때, 명상에 잠기고 일기를 쓸 때, 눈맞춤하고 있다.

책장을 넘겨 일러두기 오른쪽 면 "서"를 보면, 나의 가정은 순박하다. 아버님께서 나를 가르치셨는데, 매를 때리거나 꾸짖지 않으셨다. 그리고 달리 스승에게 맡기지도 않고 가정에서 열심히 공부하게 하는 한편 마음이 명리名利에 빼앗기지 않도록 금지했을 뿐이다. 라고 써내려 갔는데, 여기서 '명리에 빼앗기지 않도록'에 밑줄이 그어져 있다. 내가 그은 것이다. 좀더 아래에는 "미세한 행실을 삼가지 않으면 끝내는 큰 덕을 더럽힌다."에도 파도무늬 밑줄이 그어져 있다.

제2과 "공부"의 17항에는 "교활한 자에게는 글을 읽히게 해서는 안 된다. 지혜를 넓혀주면 반드시 도적이 된다. 날뛰는 자제에게는 무술을 배우게 해서는 안 된다. 포악을 길러주면 반드시 사람을 죽인다."라고 적었다. 역사를 보아도 육군사관학교를 다니지 말았어야 할 사람이 있고, 일류대학을 나오지 않고 되려 평범한 시민으로 살았어야 할 사람이 있다.

바느질하듯 한 땀 한 땀 새긴 글은, 길지 않는 시간에서도 가볍게 손에 넣고 '쥐 소금 격'으로 읽을 수 있다는 데 있어 애정의 무게가 실린다. 읽고 난 뒷맛 또한 순간순간 총명이 열리는 기쁨이다.

성인의 경전과 현인의 글을 읽지 않고 좋은 스승과 유익한 벗을 가까이 하지 않으면 이것이 바로 자포자기라 했다. 생활에 지쳐 푸념을 하다가도 ≪사람답게 사는 즐거움≫이란 글을 대하면 숲 속 산책길에서 일생 동안 어렵게 모셔온 선생님을 만난 긴장이다가 이것이 사는 즐거움이요 한 평생 책 속에 묻혀 살고자 하는 이의 흥취이겠거니 싶은 느긋함이다.

(2001)

산이 너무 시끄럽다

산이 종합진찰을 받아야 할 것 같다. 산이 중증에 시달리고 있다.

산은 사람들이 버린 쓰레기로 피부병이 심각하고, 산은 산업도로니 군사도로니 관광도로니 등산로니 하여 허리와 옆구리를 찔리고 잘리는 가운데 포장까지 당하여 디스크 현상이 심각하다.

산은 흐르는 물줄기를 가두고 돌리고 끊어 수맥이 사라진 대신 골프장과 공장 그리고 러브호텔 등이 들어서 동맥경화증과 심근경색증을 앓고 있다.

산 정상에 헬기장이 만들어지고 케이블카가 오르내리고 ○○송신소며 관제탑들이 들어서 있는데다 많은 사람들이 무거운 발로 짓밟고 서서 연일 '소락대기'를 질러대기에 신경쇠약

증을 앓고 있다.

산은 영양실조로 인한 무기력 증세가 나타나고 있다. 옛날에는 심마니네 땅군이네 하여 산삼이나 뒤져가더니 이제는 동면하는 뱀이요, 개구리까지 몽땅 잡아가 서식하는 동물들이 멸종 단계에 이르렀다.

이 정도에서 끝나려나 했더니, 이제 산이 좀 풀려 봄이 오려는가 싶으면 서울 사람 지방 사람 할 것 없이 재빠른 걸음으로 산을 찾는다. 그리하여 산 속의 호텔이나 민가에 들어앉아서 고스톱 판을 벌이고 밤새껏 고추장에 오징어를 씹으면서 고로쇠나무의 물을 마셔댄다. 생명 연장의 특허수나 된 듯.

고로쇠나무의 물은 나무의 영양이요, 혈액이다. 목혈木血인 것이다.

산의 나무는 자연의 실핏줄이요, 모세혈관과 같다. 자연의 피부요 산의 온도를 조절하는 의복과도 같다. 이런 나무를 사람들은 자기들 건강에 대한 욕심으로 마구 희생시키고 있다. 만물의 영장이라고 이래도 되는 것인지 하느님께 묻고 싶다.

산은 눈만 뜨면 그 몸의 일부를 상실당하고 있다. 무슨무슨 개발이네 아파트 단지네 하여 산의 육덕인 일부의 면적이 쑥쑥 줄어들고 있다. 산소 공장인 녹지대가 파헤쳐지고 까뭉개지고 있다. 때문에 산은 생존 차원의 스트레스에서 헤어나지 못하고 있다.

따라서 산과 산짐승, 특히 산새들은 불도저며 포크레인 소리만 들어도 가슴 졸이며 또 어디로 밀려갈 것인가? 이주할 걱정으로 온몸이 저린다.

깊은 산에서도 큰 짐승을 볼 수가 없다.

들짐승이 사라진 지 오래이고 덕유산 지리산을 올라도 짐승의 발자국조차 보기가 어렵다. 산새다운 산새소리도 듣기 어렵게 되어간다. 그런데 어찌 산신령을 만날 수 있으며 산군이 있다고 하겠는가.

하얀 수염이 배꼽에 이르고 백발이 어깨 너머로 치렁인 채, 흰옷 입고 나타나서 도끼를 손에 들고 "이게 네 도끼냐?" 하고 묻던 산신령시대의 산이 우리 민족의 산이었다. 산신령이 영특한 짐승들과 함께 지내며 기품 있는 나무 아래 둔덕진 곳에서 바둑을 놓고 동자는 차를 끓이던, 그런 산 모습은 영원한 꿈이요, 강 건너 간 그리움이 되고 있다.

산이 너무 시끄럽다.

어찌 산 잘못이요 산사람 탓일까.

늙은 대통령이 쫓겨나 타국에서 죽음을 맞고 나니, 젊은 시절 별 달고 대통령이 된 이는 부하의 총알로 가게 된다. 보통사람이라고 믿어 달라던 6 · 29의 물대통령과, 숱한 사람의 희생을 딛고 청와대 살림을 하며 자기의 업적은 역사에 맡기겠다던 전前 대통령은 사과 상자를 현금 보자기로 알고 사복私腹을 채우더니 한때나마 국립호텔(교도소)에서 콩밥을 축냈다. 그리고 넓고 넓은 바닷가 멸치잡이 후예의 대통령은 대도무문大道無門을 탕약 감초 쓰듯 하더니 경제를 죽이고 남의 나라에 구걸하게 만들어 놓고 자기만 보좌관을 거느리면서 반가워하지 않는 산은 왜 올라다니며 오염시키고 있는지 모르겠다.

나라를 대표하는 인물이요, 최고 지도자라는 사람들이 이 모양 이 꼴이었으니 가정에서 가장의 꼬락서니가 제대로 서겠으며 교육 환경이 황폐화되지 않을 수 있겠으며, 백성들 특히 가진 자들의 정신이 올바로 박힐 수 있겠는가.

산이나 세상 판 속이 너무 시끄럽다. 좀 가라앉아야 하겠고 맑아져야겠다는 생각이다. 차분히 꿇어앉아 눈물샘에서 나오는 뜨거운 액체를 흘리며 침통한 참회가 있어야겠다.

(2002)

사유의 혈통

혈통서가 있는 명견名犬이나 명마의 값은 높다.

그동안의 인간 혈통서는 족보였다고 볼 수 있다.

현대판 족보는 무엇일까.

가계家系의 혈통, 이웃인 지연地緣의 인맥이요, 지식 엘리트군을 대변해 주는 학맥이며, 먹고살 만하다는 재맥일 것이다.

세계의 역사를 보잔대도 그렇다.

조상 잘 두어 요람에서 무덤까지 안심하고 지내면서 번영을 구가하는 지배 제국이 있는가 하면, 요량 없고 주변 없는 선조들 때문에 궁핍의 늪에서 헤어나지 못한 피지배민족으로 나뉘어지고 있다.

어느 날, 나는 내 생각의 역사를 진맥해보기로 했다.

그리고서 개인에게는 혈액형이 있듯 가정에는 가문의 혈통이 있고, 가정의 문화와 역사에서 오는 사유의 혈통이며 사고의 틀이 있어 사유적 피의 흐름이 유전될 수 있다는 생각에 이르렀다. 그런 맥에서 내 사유의 혈맥 50년 역사는 부끄럽고 쑥스럽기 짝이 없었다.

생각하면 나는 안타깝게 기다려지는 대갓집 맏손도 아닌데다 태어나 학교생활까지는 몇 살 위 형뻘 되는 이들을 따라다녀야 하는 운명적 '따라다님 문화'의 성장 과정이었다. 리더요 관리자의 기질 양성과는 애시당초 거리가 멀었다. 집에서나 마을에서는 단순 비교로 무시당하기 일쑤였다. 그런 타인의 탐탁지 못한 시각이 본인의 부정의식으로까지 이어졌다. 그러한 스트레스적인 교우 환경 속에서의 피해의식은 열등의식으로 기울어져 긍정적인 쪽보다 부정적이고 기권적인 생활 양상이 자연스럽게 이루어졌다는 생각이다.

언제부터인가 글의 때가 문제 아니요, 생활의 때가 문제이며 사상의 누추가 걱정이라는 생각이었다. 그러면서도 거기에서 벗어나지 못하고 근심의 세월을 보내며 글도 삶도 게을러지고 지루한 의욕 상실 기간을 살았다. 그리고 나의 결벽성과 직설적인 표현이 주위 사람들의 시각과 가슴에 어떻게 비쳐졌으며 어떤 느낌을 주었을까 하는 섬쩍지근한 생각이 들었다.

그러면서도 내 살아오는 동안 4 · 19와 군사독재, 광주 금남로 젊은이들의 희생이며, 갈 곳 잃은 농부의 자녀들이 사회를 원망하며 가슴 답답해 하고 있는데 사회적 비판도 대안도 없이 혼자서만이 '그저 그러려니' 하면서 유유자적 즐긴다는 태도는 지성인의 길도 책 읽는 자의 양심도 아니라는 소신에는 변함이 없었다.

세월을 허비한 탓인가. 나이테에 따라 느슨해진 가슴 결인가.

절반들이 술병을 놓고 '아직도 절반이나….' 하는 여유인과, '어! 이제 얼마 남지 않았군.' 하는 배고픈 쪽의 양론에서, 후자의 입장이다가 전자의 길로 접어들려는 노력의 필요성을 감지하게 된다.

설령, 긍정적이란 말뜻에 알레르기성 반응이 온대도 정신 건강에 이롭지 못하다는 뜻에서 '긍정적'이란 말 대신 바람직한 방향, 이해적인 측면, 따뜻한 해석의 뜻으로 헤아려 짐작하고자 한다.

생각하면 시간의 덧없음 앞에 인간의 본질에 대한 물음과 사유의 성격을 더듬어본 셈이다. 세상사 부모가 남 몰래 덕행을 쌓으면 그 아들딸들이 번성하고 잘자라 후분이 좋고, 매사 내 대에 참으면 자식 대에 보답이 따른다 하지 않았는가. 그런 마음에서 생각의 뿌리도 잘 가꾸어져야 하고 바람직한 사유思惟의 혈통을 생각해서라도 좋은 방향으로의 의식 문화를 길들여 가야겠다는 생각이다.

(2003)

꽃담문화

들장미라고도 하는 찔레나무에서는 흰 꽃이 피며 가을에는 둥근 열매가 붉게 익어 볼품있는 가시가 있다.

이 꽃의 사연은, 옛날 우리나라가 중국의 역대 왕조에 조공朝貢 외교를 했을 당시 한 아가씨가 공녀로 뽑혀 조공사를 따라 중국으로 갔다 도망쳐나와 우리나라 국경 근처에 이르러 쓰러져 숨지고 말았다. 이듬해 그녀가 숨진 자리에서 솟아난 나무가 찔레나무로 꽃은 그녀의 순결을, 가시는 오랑캐가 손댈 수 없게 하기 위한 그녀의 넋이라고 전해지고 있다.

중국에도 유사한 이야기가 있다.

춘추시대의 왕소군(王昭君, BC 49~33년)은 한나라 원제 때 궁녀였다. 그녀는 본래 양梁나라의 공주로 태어났다. 그러나 양나라가 망하고 한나라가 들어서 궁녀의 신세가 되었다. 한

나라의 원제元帝는 많은 궁녀를 일일이 대할 수 없었기에 모연수라는 궁중 화가에게 궁녀들의 초상화를 그려 바치도록 하여 그림을 보고 미인을 골라 사랑을 했다고 한다. 그런데 왕소군은 화가에게 뇌물을 바치지 않아 뽑히지 못했다.

그런 가운데 한나라는 서쪽의 흉노와 전쟁 중이었다. 용감한 흉노들에게 패한 한나라는 예물과 미인을 바치게 되었는데 그 당시 흉노 오손왕烏孫王에게 바쳐지는 궁녀가 바로 왕소군의 신세가 되었다. 그런 어느 날 왕소군은 공녀가 되어 사막을 지날 때 혀를 깨물어 자살했다. 그리고 그 이듬해에는 사막임에도 불구하고 그의 무덤에서는 파란 풀이 자라났다는 것이다.

철조망 문화는 서구에서 들어왔는데 이것을 발명한 사람은 나무의 가시에서 힌트를 얻었다고 한다.

이 철조망은 비무장지대(DMZ)라는 이름으로 우리나라의 38선 부근에 249.4km나 설치되어 있다. 세계 유일한 분단국으로 남방한계선과 북방한계선이란 벽의 성격으로 존재하고 있다.

조상들은 이웃 간 논과 밭 살피를 다른 두둑보다 좀 크게 하거나 돌무더기를 쌓아 표시했다. 아니면 감과 밤 같은 과일나무를 심어 그늘과 함께 이용했다.

집성촌을 이루어 살면서도 울타리 없이 지냈다. 그러다가 서서히 강담이라 하여 낮은 돌담을 쌓기도 하고 소나무 가지를 꺾어다 꽂으며 짐승의 발길을 통제했다.

오래 전 미국 서부의 목장을 보면 나무를 다듬어 한두 단 걸쳐 소들이 밖으로 나가지 못하도록 하기 위한 낮은 판자 울이었다. 이렇듯 가볍게 출발한 소유의 한계 표시가 울타리문화요, 담문화였다.

그런 과정에서 출발하여 막돌을 그대로 쌓아올리며 틈서리에는 잔돌을 사춤돌로 끼워넣는 강담문화가 발전하기도 했다. 지금도 지리산 자락을 거쳐 산마루로 올라가다보면 도마마을의 돌담을 쉽게 만나 볼 수 있다. 그런데 이 마을은 터를 잡으며 돌멩이들을 처치하기 곤란하여 그것들을 담으로 쌓아올린 것 같다는 생각을 떠올리게 한다.

또한 돌보다 흙이 풍부한 지역에서는 돌과 흙을 교차해 쌓는 흙담 발생이 가능했을 것이다. 옹기문화에 친숙한 마을에서는 벽돌담의 등장이 자연스러웠을 것이다. 그리고 외관상의 아취를 생각하는 상류층에서는 멋있는 돌담을 규격 있게 쌓았을 것이다. 이러한 문화는 차츰 발전하여 현대에 이르면서 블록담을 요구했고 그 위에 가시철망을 두르게 되면서 외부와의 차단문화로 굳어졌다.

옛 담문화에는 한 가지 공통점이 있다.

이웃과의 경계를 상징했던 나무울타리, 강담, 돌담, 흙담, 목담木墻 등의 담장들은 그 키가 1.5m를 넘지 않았다. 보통 성인들의 어깨 높이였다. 그러므로 고샅길을 걸으면서 담 너머로 옆집 토방의 신발 숫자를 셀 수 있었고, 군에 갔다 휴가온 이웃 청년의 군화를 보고 들러서 '언제 휴가 나왔느냐?'고 인사를 나누고 가는 정의 교감이 담과 담을 넘나드는 공기같이 자유스러웠다. 담문화가, 울타리의 살피철학이, 재산을 과시하거나 째를 내기 위해서 발생한 것이 아니었다.

담 이야기일 때 생각나는 사연이 있다.

고향 마을 우리 집은 대지가 아랫집보다 약간 높았다. 아랫집에는 마을 일에 헌신적인 우 생원이 살았다. 그 집과 우리 집은 한쪽으로는 담도 없이 그 집 외양간 뒷벽이 곧 우리 집과의 살피였다. 그리고 대문 쪽으로는 야트막한 돌담장과 솔가지 울타리가 있었는데 그 집 작은방인 쇠죽방엔 우 생원의 아버지인 영감님이 기거했다. 그런데 이분은 가끔 기침을 하며 방에서 나와 마루에서 토방에 있는 변기통에 소변을 보았다. 그런데 바지춤을 내리고 소피를 볼 때 내가 방문을 열고 나오다 보면 그 모습이 훤히 내려다보이곤 했다. 그러던 어느 날 그 영감님은 나를 발견하고 무참했는지 "네 – 이놈!" 했다. 까마득한 세월이 지난 오늘날 아파트라는 울도 담도 없는 콘크리트벽 틈새에 살면서도 그 시절 그 대목이 떠오르면 마음속엔 작은 웃음이 번진다.

(2003)

4부

고니의 아침 명상

어린 나뭇잎에 내리는 봄 햇살
가을 들녘에 누운 암소의 반추
손자 앞세운 할머니의 귀갓길
호수 위 고니의 고요한 아침 명상

내 마음을 차분하게 가라앉혀 비판없이 바라볼 수 있게 하는 자연이요 우주적 풍경이다. 이런 풍경 앞에 이르면 최소한의 마음 근육이 풀린다. 신경의 날이 자고 이성의 경계를 떠난 '만사 休休'의 심리적 평원에서 한 마리의 비둘기를 날려 보내는 것 같다. 여린 빛으로 어둠을 밀어낸 촛불 한 자루 앞에서 잠든 것 같은 평안이요 정지된 시간 속 고요다.

새! 하면 독수리와 매를 제외하고 생각하고 싶다. 비둘기·

뻐구기· 앵무새· 십자매· 두루미· 학· 고니· 해오라기· 기러기· 원앙새 등 온유함과 부드러운 날개를 소유한 새들만을 생각하고 싶다.

새는 5m 거리에 떨어져 있는 좁쌀을 보고 찾아가 먹을 수 있는 시력을 가졌다. 그러나 나는 먹이를 찾고 샤냥하고의 굳은 기상과 능력보다는 그 외모에서 풍기는 유순함과 연약함 그대로가 좋다. 그래서 새 하면 하늘을 향해 날개를 펼 수 있는 태곳적 자유로운 몸짓이 좋다.

동물원 돌담길을 지나 장미울티리를 200~300여m 걸어 가면 '기린원'이라는 전주동물원이 있다. 동물원을 막 들어서면 오른쪽으로 그물망이 하늘 높이 펼쳐져 있다. 이것이 새장이요 그 안이 새들의 주거지이다.

나는 가끔 그곳에 간다. 그리고 거기에 사는 새들을 만난다. 아침 시간일 때가 많다. 새들의 아침 시간 속 여러 새들의 몸짓을 바라보면서 내 하루 생각의 문이 열릴 때도 있다. 맹수들과는 달리 조류들은 보는 눈을 거부하지 않는다. 공격 자세도 취하지 않고 먼저 피하면서 소리로써 내가 와 있다는 것을 서로에게 알린다.

새들은 아무 때나 소리하지 않는다. 새들에게도 일정 기간의 침묵이 있고 휴식이 있으며 활동하는 시간이 있다. 아침 햇살이 그물망을 뚫고 새들의 조용한 사색의 땅으로 내리면, 타고

난 그들 성대로 제 소리를 내면서 아침을 맞는다. 거위의 소리와 칠면조 소리가 제법 크지만 고니는 언제나 침묵이며 그 동작 듬직하다 못해 뜸한 편이다. 호수를 시끄럽게 하거나 호면에 물살을 짓지 않고 그저 떠 있는 것도 미안하다는 식이다.

고니의 아침 명상은 아침의 빛 그 하나만으로도 넉넉하다는 품이다. 자기 몸 육덕이 있으니 호수가 넓어야 하고 언덕도 평수가 있어야 한다는 요구도 없다. 고개 고개를 넘고 고비 고비를 살아낸 조선의 큰 선비의 자태요 종가의 종부같이 안으로 무게를 지니고 외로는 단정한 모습이다. 그러나 삶의 철학적 무게가 느껴지는 것은 놓칠 수 없는 부분이다. 암수 몸 전체가 원색의 흰 빛으로써 자웅을 구별하기도 쉽지 않은 큰 고니는, 눈앞에 황색의 피부가 나와 있다. 그리고 황색 부리 끝에서 콧구멍 부근 사이와 아랫부리는 검은색이다.

우리나라 겨울 철새로서의 고니는 호수나 늪, 큰 강 하구 등에서 무리를 지어 산다. 암컷과 수컷 그리고 새끼들이 가족 단위의 서식 생활을 하는데 그 점에 있어서도 사랑스럽기만 하다.

큰 고니가 아침 호면에서 가는 듯 멈춰 있는 듯, 호화여객선 출항 준비이듯 하면, 홍부리황새는 나뭇가지 위에서 부리를 부딪혀 소리를 낸다. 산사 선방 죽비 소리도 같고 탁목조 나무 쪼는 소리와도 같이.

비가 오는 날 아침이었다.

동물원 안 새장 뒤 언덕에 서서 우산을 받고 새장 안을 내려다 보고 있었다. 그런데 소나무 맨 꼭대기에 둥지를 튼 홍부리 황새 부부는 둥지 양 옆에서 그 길고 붉은 다리로 비를 맞고 서 있으면서 비맞는 둥지 안 새끼들을 걱정하고 있었다. 한동안 숨죽이고 서 있으니 한 마리가 양 다리를 벌려 둥지를 가랑이 사이로 들게 하더니 몇 번인가의 발놀림 끝에 둥지 위로 살며시 몸을 얹혔다. 그리고나서 한동안 시간이 흐르자 새끼 한 마리가 어미의 날갯죽지 사이로 제 머리를 슬며시 드러냈다.

그때도 고니는 아무 일 없다는 듯 호수 가운데 섬 같은 바위에 떠 있으며 무심해 했다. 몸 크기로 보면 그만한 힘도 쓰고 거느리고 침략의 꿈도 키울 수 있을 것이다. 하지만 천성 그대로 고즈넉이 교교하게 명상의 제왕으로 떠 있는 고니의 자태에서 나는 내 고장의 아침 명상을 읽고 있었다.

(2004)

생명의 무늬

뜻있게 살아간다는 것은 자신의 정신적 무늬를 꾸준히 수놓아 가는 일인 것 같다. 그러므로 시골 아주머니가 베틀가를 부르며 북과 바디로 베를 짤 때 그 피륙은 아주머니의 생활무늬가 된다. 전라북도 순창군은 조선시대 때부터 수예의 고장으로 이름이 높았다. 그 명성은 1960년대까지 이어져 5일 장날 베갯딱지전이라 하여 수예전이 한우韓牛장 못지않게 성황을 이루었다. 시골 농가의 아가씨들은 베갯딱지에 수繡를 놓았다. 수틀에 낀 비단 천에 원하는 무늬를 한 땀 한 땀 바늘로 뜨는데 그것은 한 쌍의 어미닭이 되고 병아리가 되었다. 신부가 놓은 수는 모란과 잉어가 되고, 정숙한 부인의 수에는 학과 호랑이가 무늬지어지기도 했다.

금방의 아저씨는 금에 무늬를 새긴다. 보석 공예가는 다이아몬드 · 에메랄드 등 보옥에 빛과 무늬를 수놓는다. 일찍이 우주선을 타고 달나라에 간 우주비행사들은 달나라에 인간의 의지를 발자국 무늬로 수놓고 귀환했다.

나무의 나이테와 엽맥은 숲무늬가 된다.

봄은 우주의 시로써 꽃무늬를 수놓고 눈은 계절의 꽃으로써 겨울무늬가 된다.

인간이 짓는 무늬는 정신의 표현이요 생명의 실체이다. 생명이 있는 것만이 스스로의 힘으로 자신의 무늬를 수놓을 수 있다. 호흡이 있고 개체의 혼이 있을 때 자신의 칼라를 나타내면서 그 색과 구성으로 어떤 실체의 무늬를 빚고자 하는 에너지를 갖게 된다.

무늬는 존재의 빛이요 가치다. 삶의 호흡이요 예술적 정련精鍊이다. 정신의 맥이요 핏줄이며 기도하는 손이다. 사람의 손에 지문이 있듯 사유의 흐름엔 사색의 무늬가 있다. 무엇을 생각하며 어떤 일을 하면서 어떻게 살아가는 가에 따라서 그만의 무늬가 수놓아진다.

연꽃은 연못의 무늬요 문장이며, 보름달은 자연이 수놓은 밤하늘의 빛 무늬이며, 백자항아리는 조선인의 가슴무늬였다.

비빔밥은 완산 고을인들의 솜씨무늬요 먹거리 문화의 맛 무늬이다.

판소리는 전라인의 소리문양이요 한의 어혈무늬다.
산은 지구의 무늬요 숲은 산의 무늬다.
풀잎은 토양의 무늬요 이슬은 우주의 아침무늬다.

대장경 목판은 고려인의 사상무늬요 얼이다.

≪논어≫와 ≪성경≫은 공자와 예수의 말씀 무늬이며, '해바라기'는 반 고흐의 예술적 생명무늬요 화두였다.

바티칸 궁전의 〈천지 창조〉와 〈최후의 심판〉은 미켈란젤로의 예술혼의 빛무늬였다.

그런가 하면 ≪혼불≫은 최명희님의 혼무늬요, ≪햄릿(Hamlet)≫은 섹스피어의 정신문양文樣이다. 〈세한도〉는 김정희의 선비 정신의 지조무늬요, 〈유배지에서 보낸 편지〉는 애비로서 정약용의 애정무늬이다. 그리고 대원군의 난초는 궁도령이라 불리던 이하응의 세한世寒무늬였다.

우리 어머니는 아파트 뒤뜰 공한지空閑地에 수를 놓는다. 이른 봄 씨앗을 묻으면 얼마 뒤 거기에서 푸른 잎새들의 생명무늬가 돋아난다. 비닐하우스 안에서는 상추와 오이순이 자라 밭무늬를 형성한다. 어머니의 자수공예에 있어 바늘은 호미요, 수틀은 공한지가 된다.

살아간다는 것은 자기 생명무늬를 수놓는 일인 것 같다.

조용한 시간 어둠이 깊다. 뉘 집에서 베짜는 소리가 들린다.

다듬이 소리도 들려 온다. 어디선가 갓난아이 울음소리도 간간이 석여온다. 겸허히 하루 분의 내 생명무늬를 생각해 본다. 내가 쓴 일기며 수필이 내 생명의 무늬가 아니겠는가. 평생 사랑할 수 있는 가치로운 일에 몰입하는 사람의 아름다운 생명의 무늬, 이것을 고민하고 싶다.

(2004)

평의자

어렸을 때는 이발소의 붉은 가죽 의자가 제일 좋아 보였다. 초등학교 다닐 때는 교장선생님 댁의 침대형 대나무의자를 보고 신기한 눈초리를 보냈다.

처음으로 의자 맛을 본 것은 초등학교에 입학한 뒤였다. 1~2학년 때는 마룻바닥에서 배우고 3학년 들어서서야 나무의자에 걸터앉아 공부할 수 있었다. 그때 의자에 앉아보는 맛은 깨소금 맛 바로 그것이었다. 의자의 키에 내 몸을 얹히니 높은 곳이 낮아 보이고 흑판을 올려보는 목 아픔도 사라졌다. 초가에서 기와집으로 옮겨 사는 마음이요, 엎어져서나 앉아서 지내는 습관이 학교에서 준 의자 하나로 하루아침에 벌떡 일어서게 된 즐거움이었다.

그때는 나무 책상도 퍽 귀했다. 그래서였는지 두 명이 하나의 책상을 이용하게 되어 있었다. 의자도 두 사람이 나란히 앉게 되어 있었다. 그러므로 서로 심술이 날 때는 가운데 선을 그어 놓고 넘어오지 못하도록 오기를 부렸다. 그래서인가 지금도 극장에 가면 의자의 팔걸이에 신경이 쓰인다.

고등학교를 졸업하고 놀다 전라남도의 어느 군청에 취직하게 되었다. 부서는 건설과 관리계였다. 당시 두 과장을 모시었는데 두 사람 다 비만형이었다. 군수도 그런 체구였다. 그때는 높은 분들의 평균 체형이 그런 것으로 알았다. 그 무렵 공휴일로 집에 와 있을 때였다. 농촌지도소에 다니던 형 친구가 다닐 만하냐고 하면서 소감을 물어왔다. 나는 "거쳐야 할 의자가 너무 많다."고 했다.

세월이 지나고 운명에 대한 미움이 커지는 동안 나는 어느 대학에서 20년 넘게 낮은 자리에서 일했다. 그러한 과정에서 비품업무를 맡고 책상과 의자, 하물며 호치키스까지 세고 다니는 일을 다리가 붓도록 했다.

전임강사의 의자는 독일형, 조교수는 소회전의자, 부교수는 대회전의자, 책상은 의자의 규격에 따른 넓이였다. 행정직원들의 의자는 과장이 되어야 회전의자에 앉을 수 있었다. 상당한 세월을 거슬러 올라간 지난날의 환경적 이야기이다.

그 무렵 나는 쉬는 날 아이들을 학교에 데리고 갔다. 그리고 교수 연구실 책걸상과 총장실의 공간과 꾸밈문화를 읽도록 했다. 인물에 따른 역할과 분위기를 직접 눈으로 보고 예감하는 가운데 지혜의 철을 건드려 주고 싶어서였다.

어느 사무실에 들러 책상 배열과 의자를 보면 그곳 사장이나 구성원의 의식생리를 직감하게 된다. 그리고 그 조직의 미래와 흥망을 어렵지 않게 짐작할 수도 있다. 또한 관리자의 정신이나 수준이며 살아온 과거를 엑스레이 필름 판독하듯 읽을 수 있다. 인간의 건강까지 무시당한 환경에서 일하고 있는 종사자들에게서는 정서나 휴머니티는 배부른 소리일 뿐이다. 그러므로 근무하는 것과 일하는 것이 다르고, 노력하는 것과 견디는 것에의 차이를 쉽게 읽을 수 있다. 사람살이란 서로간 상대에 대한 배려의 정신이요 수준에 따른 애정의 표현이 아니겠는가.

새벽 산책길에서 동물원의 닭 울음소리를 가끔 듣는다.

그럴 때, 다시 태어난다면 동물원 사육사나 되어 살다 가고 싶다는 생각을 품게 된다. 그 대목 그 순간을 막 지나면 산자락 갈림길이다. 산으로 오르는 윗길과 곧장 아래로 이어지는 과수원길로 나뉘는데, 그 지점 낮은 길섶에는 평의자가 하나 설치되어 있다. 그리고 오른켠은 산책로로서 가로등이 수박등으로 매달려 어둠 속에서도 메모할 수 있을 만큼 빛을 보내주고 있다.

그런데 봄 여름 가을 그곳을 지나면서 그 의자에 앉아 있는 노부부를 보게 된다. 부부는 두 분 중 한 사람이 거동이 불편하여 다른 사람이 부축해 그 장소에 이르러 목적지에 닿은 선박과 같은 휴식을 취하고 있는 것 같다. 그 순간 나는 서로에 대한 신뢰를 읽게 된다.

평의자는 거드름을 피우기 위한 등받이며 팔걸이가 없다. 두터운 나무판자 쪽 다섯 개를 이어 설치한 길가 의자이다. 그리고 지정된 사람 없이 누구나 앉을 수 있으며 시간을 가리지도 않는다. 아마도 그 의자에는 전직 이등병도, 장군도, 교수도 실업자도, 작가도, 방송인도, 사장도, 사환 학생과 미스 코리아도, 째보선창가의 아가씨도 앉았다 갔을 것이다.

눈이 살포시 쌓인 아침 나는 그 의자를 만나러 갔다. 낯가림하지 않는 그 의자에 한동안 앉아 있었다. 콘크리트 구조물이 아니어서 내 몸의 온기를 빼앗아 가지 않아 있을 만했다. 부드러운 나무의 덕성을 궁둥이 아래 의자에서 온몸으로 느낄 수 있었다.

눈 앞 나뭇가지 끝까지 내려온 새벽별을 바라보면서 나는 평의자에 앉아 한참을 생각해 보았다. 의자와 인간에 대한 욕망, 그리고 '세상에 가난이 있는 한 경제를 경멸해서는 안 된다.'고 하면서도 가진 것 없이 살다간 간디의 일생과 법정의 무소유까지를.

(2005)

사랑의 빛깔

생명이 있는 식물의 싹이 푸른빛이라면, 언어가 있는 인간의 사랑 빛은 어느 빛일까. 작가의 원고지 칸 안 깊은 우물 같은 두려움은 붉은 빛일까 아니면 고독 속 허공의 빛일까.

화가는 흰빛 캔버스에 자신의 사랑의 빛깔을 채색한다. 서예가는 흰 화선지에 먹빛으로 자기 정신의 빛을 써내려 간다. 도예가나 공예가 역시 주어진 재료로 뜻한 바의 형태를 이루어 가면서 나름대로의 미적 빛깔을 완성해 간다.

논개의 사랑빛이 진주 남강 물빛이었다면, 황진이의 사랑빛은 청산리 벽계수일 것이다. 그렇다면 자기 가솔의 목을 모조리 베고 전쟁터로 나간 계백 장군의 신념의 빛은 곧 백제인의 빛일 텐데 그 빛은 어떤 빛이고, 정몽주의 죽음의 색채는 무엇일까. 그리고 이차돈의 목에서 솟구쳤다는 흰 피의 색채학적 의미는 무엇일까.

피카소는 1881년 10월 25일 스페인 남부 도시 말라가에서 태어났다. 그리고 1901년에서 1904년에 이르는 시기는 그에게 있어 '청색시대'가 된다. 청색은 밤의 색이고 바다의 색이며 하늘색이었다. 그리고 그에게 있어 청색은 깊고도 차가우며 허무와 빈곤 그리고 절망감의 색이었다고 한다.

마르크 샤갈(chagall)에게는 보랏빛 정서가 있었다. 그는 삶과 예술에 의미를 주는 사랑의 색감을 찾기에 부지런했다. 그럼으로써 그의 말기 작품에는 세상에 대한 긍정적인 세계관으로 가득 차 있음이 확연히 엿보인다는 평을 얻었다. 색채의 풍요로움을 꿈꾸는 평화와 조화, 이런 분위기를 그의 작품 〈밤의 아뜰리에〉에서 나는 느꼈다.

사람은 성장 과정에 따라서 영혼의 빛깔이 바뀌기도 하고 나이 들어가면서 그가 좋아하는 빛의 분위기 또한 달라지는 것 아닐까. 소년기의 분홍시대를 거쳐 꿈 많은 젊은 날의 청색시대 그리고 정열의 붉은 장밋빛 시대, 성취와 가정 형성의 황금시대, 정년 뒤에 오는 평화와 안식의 회색시대….

어느 책에서 보니 한국인들은 흰 것을 보는 천재적인 눈을 가진 백성이라고 했다. 그래서일까. 성웅 이순신은 백의종군하면서도 흰 옷 입은 백성만을 생각했다. 조정에 충성하기 위해서나 당파를 위해서가 아니었다. 그러기에 성웅이란 이름을 얻었으며 오늘날까지 추앙받기에 당연한 인물로 남았다.

전북 부안에서 살다간 조선시대의 이매창 시조시인은 "이화우梨花雨 흩날릴 때 울며 잡고 이별한 임"이라고 노래하면서 흰 배꽃 흐느러진 고장의 삶과 인간에 대한 정을 아꼈다.

어느 미술인은 조선시대의 삶의 분위기를 묘사할 때 '배꽃이 눈보라처럼 휘날리던 날 머리에 흰 수건을 쓴 어머니가 부엌에서 일을 하실 때, 대나무로 엮은 살강(주방)에 가지런히 엎어져 놓여 있는 올망졸망한 백자 사발들의 정갈함'을 말했다. 그리고 그 분위기의 삶을 평생 잊을 수 없다면서 그것이 곧 우리들 생활의 뿌리요 빛이며 조선의 실용미라고 했다.

내가 어렸을 때 우리 뒷집에는 J씨라는 청년이 살았다. 우리 집과 J씨 집 경계는 소나무 가지 울타리였고 J씨는 간질환을 앓고 있었다. 그러므로 늦도록 장가를 들지 못했다. 그러던 어느 날, 그 집에 신부가 나타났다. 어른들 말에 의하면, 신부 아버지가 다리를 절고 죽도록 가난하여 J씨 측에서 신부될 부모에게 논 서너 마지기를 이전해 주고 성혼시켰다고 했다.

그녀는 항시 흰 저고리에 검정 치마를 입고 다녔다. 얼굴은 배곯아 항시 핼쓱했고 입술은 검은 빛이 돌아 병색인가 싶었다. 그런데도 전체적인 인상은 단정하고 차분했다. 우물물을 길러 갈 때는 우리 집 대문 앞을 지나갔다. 그런데 볼 때마다 편안한 얼굴이었다. 모든 욕심을 지워버린 듯했고 체념 뒤에 오는 온유함인가 싶었다.

희생을 전제로 한 가족 사랑! 어찌 그 여인 한 사람의 일이었겠는가. 어진 마음과 희생정신, 이웃 사랑과 시대정신 등을 말할 때는 흰 저고리 검정 치마의 그녀 모습이 떠오른다. 모든 것을 받아들이고 소화해낸 흰 빛! 그러면서도 본래의 품성을 잃지 않는 빛, 한국인 본래 마음과 사랑의 빛깔도 거기에 있는 것 아닐까, 눈 속에서 피어나는 백매白梅 같은 그 빛이 아닐까.

(2006)

택사擇師

이 땅에 몸 받아 사는 것도, 더 잘 사는 나라의 국민으로 태어난 것도, 스스로의 뜻에 따른 선택 문제는 아니다. 김해김씨 몇 대 손으로 평범한 농부를 아버지로 하여 몸 받은 것도, 신라의 마지막 왕자로 태어나 삼동에 베옷 입고 산 속에서 살다 죽어간 마의태자도 자기 부모를 선택할 권능은 없었다.

보통 사람에게는 누구나 삼대 만남의 운명적 사건이 있다.

그 첫째는 부모를 만나게 되는 것이요 다음으로는 배우자를 만나며 세 번째로는 스승을 만나게 되는 것이다. 그래 그런가 보다 했는데 젊은 혈기 가시고 숨결 느슨해지니 부모의 만남에 앞선 조국과의 만남, 그 조국의 운명이 부모의 운명에 앞선다는 현실감이다.

조국과 부모의 선택 문제는 불가항력적이다. 다분히 운명적이다. 그러기에 차라리 다행인지도 모를 일이다. 그러나 택배擇配, 즉 배우자 선택의 문제는 다르다. 조선시대가 아닌 오늘날에는 배우자의 선택은 거의 본인의 의사에 준하고 있다. 그리고 택사擇師의 일 또한 자기 개성과 의지에 따른 판단에 의한 사제 간 도리와 애정 속에 학풍과 철학을 주고받을 수 있다. 그런 점에서 택사 문제도 아무에게나 주어지는 당연함 같은 것은 아니다.

나는 문학 청년 시절 우연찮게 고장의 큰어른을 소개받았다. 그리고나서 캘린더의 붉은 숫자가 있는 날이면 아침 일찍 선생님 댁을 방문해 다객茶客 노릇을 했다. 과정에서 선생님의 서재 관리와 댁에서의 연구와 집필에 따른 분위기를 눈여겨 보게 되었다. 서재에 꽂혀 있는 책들의 제목을 보고 메모도 하고 배달된 신간을 보고 필요한 책을 서점에서 구해 읽으면서 생각지 못한 분야에 눈을 주기도 하고, 학문에 대한 갈래며 인식의 깊이를 가늠해 보게 되었다. 나는 알게 모르게 한 어른의 줏대 있는 생활과 학문의 길을 그리고 문학인의 자세와 얼음 같은 정신을 내 가슴속에 따담고 나의 정서라는 스펀지에 스며들도록 하고 싶었다.

내가 쓴 글을 선생님께 드리고 가르침을 받을 때는 등에서 식은땀이 흘렀다. 이따끔 피가 역류하는 느낌이기도 했다. 다시는 경험하고 싶지 않고 찾고 싶지 않다는 생각이 들 때도 있었다. 부모님이 생존해 계실 때의 일이다. 하지만 부모님은 아들이 클 만큼 컸다고 저만치 서라는 말씀 한 마디 없으셨다. 그런데 따지고 보면 선생님은 남인데 혼나게 '깨우쳐 줌'으로써 나는 행복하다는 생각까지 마음 정리가 되기에는 많은 시간이 걸렸다.

선생님은 가끔 "짬을 모른다."고 말씀하셨다. 물론 못마땅할 때 하는 말씀이다. 나를 비롯하여 문학을 하겠다고 찾아오는 사람들이 어떤 격을 무시하거나 기본 바탕 다듬기에 신경을 쓰지 않고 엉뚱한 곳에 마음이 가 있다고 생각될 때 하신 말씀이다. 한마디로 사리 판단에 따른 생각과 표현이 온당치 못하다는 뜻이다.

항시 글보다 사람(행동)이 앞서야 한다고 했다. 어떤 문인이 인간적으로 몹시 못마땅한 일을 저질렀을 땐, 명색이 글을 쓴다는 작자가 그럴 수 있느냐고 했다. 그리고 본인 앞에서는 좋게 말하고 뒤에 가서는 그릇되게 말하고 다니는 사람은 친구가 될 수 없다고 했다.

형편이 넉넉하지 못한 제자나 후학에게 차 대접이나 식사 대접을 받은 경우도 없으며 항시 먼저 계산하는 데 있어 드릴 말씀도 없게 했다. 지금껏 어떤 사람을 아는 잡지사에 추천한 일도 없으며, 등단에 앞서 때가 되면 저절로 홍시가 되는 감을 생각하게 했다.

퇴근길의 어느 날이었다. 선생님을 차로 모시고 댁으로 가면서, 나는 정년퇴직한 어느 분이 늦게 수필을 공부해 수필집을 내고 출판기념회를 갖게 되는데, 그동안 여기저기 다니면서 선생으로 모시고 공부한 분이 많아서 누구에게 축사를 부탁할 것인지가 고민스럽다고 하는 말을 듣게 되었다고 말씀드렸다. 그 말 뒤, 선생님은 내게 '택사'라는 말씀을 들려 주셨다. 그 순간 나는 선생님의 옆얼굴을 바라보았다. 연세에 비해 좋은 건강이라고 생각해 왔는데 오늘 뵙는 얼굴은 수척한 모습 바로 그 모습이었다. 무심한 듯한 관심 속 늘 줏대 있게 살도록 가르침 주신 선생님이 계신다는 데 있어 다행이요 '큰복'이라는 생각을 더욱 껴안게 되는 순간이었다. 택사! 이 또한 선택의 문제로 되는 것만은 아니지 싶었다.

(2006)

큰 나무

나무는 세월의 숲이요 거목은 연륜의 명시名詩다. 그러므로 노목은 역사의 숲이 되고 생명체로서 우러름의 대상이 된다.

살아갈수록 정자나무의 숲과 그늘이 그리워진다. 연륜이 쌓일수록 거목 앞에서의 침묵이 소중하게 느껴진다. 고적할 수록 발길은 노목의 곁으로 다가간다.

노목을 우러러본다. 숲 그늘에 앉아도 본다. 맑아지는 마음인데도 생각의 무게는 마음의 중심으로 서 먹먹해진다. 저 나무는 몇 년을 살았을까 껴안아 보고 싶다. 노거수老巨樹의 침묵, 거기에 기죽음인가 사위는 온통 적막뿐이다.

사람의 자격을 말할 때는 '인격'이라는 말을 쓴다. 그리고 그 사람의 성품과 품위를 논할 때는 '인품'이라는 단어를 사용

한다. 사람이나 동물처럼 나무도 생명을 가진 유기체다. 생명의 발전 과정은 동물과 다르겠지만 부동의 자세로서 모든 것을 초월하고 생략하고 생명의 가장 근원적인 모습으로 살아가고 있다고 볼 때, 우리는 나무의 덕을 생각할 수 있고 제대로 자란 거목이나 노목을 우러러보며 목격木格과 목품木品을 생각하게 된다.

오래 전부터 많은 사람들은 나무 앞에서 손을 비비며 소원을 빌었다. 그 중 당산나무는 신성시되었고 마을의 수호신으로 여겼다. 이것은 앙목仰木사상으로서, 큰 일을 하는 인물을 인재人材요 재목材木으로 비유하면서 동량지재棟樑之材로 보아왔던 사상으로도 알 수 있는 사건이다.

나무라고 모두 큰 나무가 되고 노거수가 되는 것은 아니다.

묘포장의 묘목이 모두 거목이 된다면, 나무에 대한 애정과 사상은 달라질 것이다. 한 그루의 나무가 흙 속에서 싹이 트고 가지가 뻗어 잎과 꽃을 피워 열매를 맺고 영글리고 그러면서 성장하고 변화하는 과정을 생각해 본다면 동물사회 못지않는 환경과 자연 재해 등 생명의 질서 속, '겪음의 문화'와 '생존의 버거움'이 운명처럼 생각되지 않을 수 없다.

사람도 어느 가계의 혈통으로서 누구의 자손으로 태어나서 어떤 환경 속에서 사랑받고 교육되었는가에 따라서 품격이 달라지고 운명이 결정지어지듯 나무도 어느 땅, 어느 지점에서 어떻게 발아되고 재난을 극복하면서 역사 속에 살아남아 몇

백 년의 생명을 보전할 수 있었는가에 생각이 미치면 하늘의 뜻이라는 운명론에 다다르게 된다.

아파트 길목에는 오래된 느티나무 한 그루가 비스듬히 살아가고 있다. 왠만했으면 일찌기 베어졌을 것이다. 그러나 나무의 나이가 워낙 높은지라 거목을 함부로 할 수 없다는 정신에 따라 그대로 둔 채 많은 차들과 행인들이 돌아가는 불편을 감수하고 있다. 인물도 워낙 크면 함부로 할 수 없다는데 이 노목을 볼 때마다, 그동안 '긴긴 세월의 덕'으로 살아남게 된 용한 나무라는 생각을 갖게 된다.

나무는 고사된 부분이 많고 중심 부분의 가지에서 피워 올린 잎새들과 여린 가지로 남은 생명의 빛을 표현하고 있다. 건너편 세 그루의 느티나무는 이 나무에 비하면 정정한 편이다. 노거수인데도 푸른 잎 피워 숲을 이루고 그늘을 짓고 있다. 부분 부분을 살펴 보면, 나무는 속이 비었고 가지는 잘려나가고 껍질은 썩어 힘없이 바슬바슬 떨어져 내린다. 옹이가 박혔던 자리가 먼저 부식되었는지 그 구멍으로는 둘레에서 날아온 흙먼지가 쌓여 다른 작은 식물이 뿌리를 내려 꽃을 피우고 있다.

굵은 나무의 껍질에는 이끼가 파랗게 끼어 살아가고 있는데 잎에서 맺어진 빗물이 물방울되어 이끼를 적셔 준다. 그 옆에서는 느타리버섯이 참나무의 표고버섯처럼 자라고 있다. 한

나무가 다른 생명체의 대지가 되고 젖줄이 되어 또 다른 자연의 질서를 형성하고 있다.

나무는 썩어 문드러진 자기 상처에서 다른 생명이 살아가도록 하고 있다.

나무는 자기 안에 다른 이름의 자식을 길러내고 있다.

나무는 자기희생 안에 다른 생명을 위한 스스로의 대지가 되어 주고 있다.

한편 나무는 외손주 진손주 모두를 품에 안고 있는 할아버지를 생각하게 한다. 그리고 누구 집 자손인들 귀하지 않겠느냐고 아이들 모두를 아우르며 다독이던 할머니의 품을 그립게 한다.

이래서 고목에는 우러름이 따르는 것인가! 몇백 년 세월을 한곳에서 침묵으로 일관하면서 살아가는 거목이 내게 들려주고 있는 메시지는 무엇인가. 나는 한 그루의 생각하는 나무가 된 듯 그 자리에 부동의 자세로 서 있었다.

(2007)

손자의 이름

연둣빛이 고운 사월 스무이튿 날 저녁 영시 삼십분에 전화벨이 울렸다.

"아들 손주랍니다."하면서 아내가 전화를 바꿔준다. 수화기 저 멀리에서 아들과 사부인의 음성이 들려왔다.

아들과는 전화를 간단히 끝내고 사부인과 통화를 시작했다.

나는 "며느리의 고생이 심했겠습니다. 수고 많이 하셨습니다." 라고 사부인께 정중히 말씀 드렸다.

사부인은 "지O이(며느리)가 너무 힘들어 했습니다. 그러나 끝까지 잘 참고 자연분만을 했습니다. 아기가 너무 똘방지네요. 눈도 뜨고요."라고 했다.

인생길을 걷다 보면 꿈도 기도도 바뀌는 계절이 있는가 보다.

젊어서는 스스로의 욕망에 따른 기도가 간절했다. 그 기도를 들어주지 않으면 신에게 따지기라도 할 것 같은 순간과 열정이 함께 했다. 그런 기도 목적이 아이들이 대학에 갈 무렵부터는 어느덧 자녀 중심의 기도에 밀려나 있었다. 그리고 아이들이 직업을 취하고 결혼을 하고부터는 머지않아 보게 될 손자에 대한 기도로 바뀌어 있었다.

아들을 성혼시킨 뒤부터는 누가 부탁하지도 않았는데 슬슬 챙겨지는 게 손자 이름이었다. 평소 독서인으로서 검은 활자에 눈을 주면서 대여섯 권의 수필집을 냈으니 아이들 생각으로서는 손자 이름은 당연히 할아버지가 지어주시겠지. 하지 않겠는가 싶어서였다.

극락정토라는 봉서사 뒷산 서방산에 올라 가부좌하고 도인이나 된 듯 앉아 이름을 생각해 보았다. 새벽 기도 때나 일요일 교회의 예배시간에는 아기 이름이 한순간 영감으로 오려나 싶어 기도 시간을 늦춰보기도 했다.

며느리가 임신을 하고부터는 이메일로 손자 이름을 앞세웠다.

아들녀석은 희망사항을 전화로 말했다. 너희들 자식이니 너희들이 알아서 짓도록 하라고 하면서도 어디 그게 진심이었던가.

태아는 정녕 이 땅에 오게 될 것이며 이 세상을 살아가게 되어 있다. 하여 이름의 첫 자는 세상 "세世"로 정하고, 세 자를 받아 뜻과 음의 조화를 이룰 글자가 무엇일까를 고심하였다. 한동안 생각을 공글리다 세상을 따뜻하게 하고 온화하게 사는 게 좋겠다고 생각되어 "온溫"자를 받쳐주기로 했다.

이름을 정해놓고도 잘못하면 천기누설이나 될 듯 입을 봉하고 가슴에서만 궁글리면서 더 좋은, 더 나은 획수와 뜻글자가 없을까 하고 가슴앓이 하면서 절기를 바꿔 보냈다.

그러던 어느 날, ≪수필과비평≫지에서 〈이야기로 읽는 주역 에세이〉를 연재한 맹난자 선생님에게 이름자를 적은 편지를 보냈다. 무례한 일이었다. 그러나 공부를 많이 한 분이니 이해해 주시겠지, 하는 제 논 물대기식의 배짱을 부려보았다

성명 감정 결과가 팩스로 왔다. 곧바로 전화를 드렸다. 금金화火 수水의 오행五行배합은 별로이나 이름을 불렀을 때 발음의 음파영동音波靈動이 좋고, 세상을 따뜻하게 하겠다는 홍익인간적인 작의作意가 좋다고 했다. 그리고 성과 이름의 첫째자인 주운과 이름만 합한 부운이며 총운의 획수가 뜻하는 태극결의 해설이 모두 좋다면서 득손을 축하한다고 하셨다. 순간 자신감이 붙었다.

팩스로 온 복사본이 아쉬워서 원본을 전화로 요청했다. 빠른 우편으로 도착되었다. 그런데 획수풀이에 있어 성과 이름 뒷자의 획수가 26인데 여기의 해석에 있어 "파란기복"이 끼어 마음을 찜찜하게 했다.

출산일이 가까워진 어느 날 나는 다시 용기를 내 선생님께 전화를 걸어 아무래도 마음에 걸리는 대목을 의논했다. 선생님은 그것은 그 아이의 몫이라고 했다. 세상을 좀 싸워가면서

살아야지 만사 오케이로 편안하게만 사는 사람이 얼마나 되겠냐는 것이었다. 옳거니 하고 나는 이내 무릎을 쳤다.

며느리가 출산을 위해 병원으로 갔다는 전갈이 왔다.

서둘러 일어나 화방으로 달려갔다. 그곳에서 진초록 A3 크기의 파일을 구입했다. 그리고 집으로 돌아와 파일을 펼쳐놓고 작업을 시작했다.

속지 첫 면 투명비닐 속에는 "순산과 득남을 축하한다."는 붓글씨가 새겨진 종이를 꽂아 넣었다. 둘째 면에는 〈그대 오시려나〉라는 손자 기다림의 시를, 셋째 면에는 "축 탄생! 이 땅에 온 '金世溫'을 환영함"이라고 칼라로 수놓은 종이를 집어넣었다. 넷째 면에는 이름을 감정한 분 해설서의 편지를 그대로 넣고, 다섯째 면에는 감정한 분의 활동과 약력을, 마지막으로는 "우리 가정의 노래" 악보를 넣었다. 그런 뒤 겉표지 얼굴에는 며느리와 아들의 이름을 나란히 써 수신인 표시로 하고 포장을 했다.

연둣빛이 고운 사월, 손자가 오신 0시의 새벽 그날 낮, 나는 먼저 꽃집으로 달려가 축하의 화분을 며느리에게 배달시켰다. 그런 뒤 손자의 이름이 든 귀중한 파일을 들고 아내와 같이 어머님을 모시고 동서울행 고속 버스에 올라 자리를 잡았다. 그리고 나서야 안도의 한숨을 내쉬며 아내와 함께 웃었다. 그날은 날씨도 되게 좋았다.

(2007)

나의 결핍의식이 나를 성장시켰다

겨울은 봄같이 꽃과 향이 없다. 혹독한 추위 속에 생명을 떨게 한다. 겨울은 가을같이 수확의 기쁨도 없다. 그런 결핍에 의함인지 겨울은 영하의 날씨 속 생명의 부패를 방지해 준다.

바다는 산과 같이 높을 수 없고 숲 속의 짐승들을 길러낼 수 없다. 그러므로 바다는 속으로 깊이를 지니며 그 품에 수많은 어족을 품어 살아가게 한다. 앞을 보지 못한 사람은 청각의 발달과 촉감의 신경이 발달된다. 하체가 부자유한 이는 팔의 근육이 발달하고, 손 기능을 상실당한 사람이 발가락으로 그림을 그리게 되는 경우도 있다.

인류의 발전, 이것은 결핍에 대한 극복 의지에서 오는 것 아닐까.

내 삶의 역사에서도 그런 점을 발견하게 된다. 초등학교 때부터 나는 셈본(산수)에 약했다. 담임이 지명해 깨닫게 하려고 해도 쉽게 정답을 끌어내지 못했다. 그러나 남에게 지고 싶은 마음은 적었다. 고민 끝에 자신과 타협 못하는 것은 제쳐놓고, 다른 쪽을 더 잘 해보자는 것이었다. 그 정신이 초등학교 5학년 때 만화를 그리게 했고 국어와 사회 과목을 가까이 하게 했다.

상급학교에 진학해서도 기하와 해석은 나 몰라라였다. 대신 영어 시간에는 손을 높이 들고 질문에 답했다. 선생님의 사랑도 받았다. 그런데 이게 사회생활과 직업전선에서는 쉽게 통하는 문제가 아니었다.

취직시험은 과락이라는 산수 과목이 저승사자였다. 마음속 갈등도 심했다. 일찍부터 공무원 시험에 합격해 마을에서 선망의 대상이 된 친구들로 인한 열등감과 도피심리는 정신적으로 뜨거운 감자가 되었다. 그런 마음의 뿌리가, 그런 결핍의식이, 이전의 나를 오늘의 나이게 했다는 생각이 들기 시작했다. 학교를 졸업하고 곧장 공무원시험에 합격한 친구들에게서 입게 된 스트레스가 속 좁은 판단의 결과라고 생각되었다.

일병장수라는 말이 있다.

한 가지 병이 있어 그 병을 다스리기 위해 주의하고 조신하다 보면 되려 오래 살게 된다는 뜻이다. 결핍증상을 인정하고 그 길에서 빠져나와 다른 방향의 길에서 노력하다 보면 그 길에서의 결핍성 보상을 받을 수 있고 되려 그게 다행으로 여겨지는 자신감과 자기 성장을 꾀할 수 있다는 뜻이다.

결핍의 인생 헬렌 켈러 여사는 뒤로하고라도, 링컨은 학력에 관계없이 독서에 치중하고 성경을 열심히 탐독하였기에 노예의 자유를 인정한 거룩한 대통령으로 남을 수 있었다. 김삿갓은 과거에 급제하고서도 조상을 욕보인 죄인이라고 생각하여 벼슬길 대신 방랑의 길에서 삿갓 아래의 제왕으로 사는 동안 수많은 해학적인 글과 유쾌한 서정의 명시를 남겼다.

얼굴 미인이 못 된 사람은 마음 씀이 후하다. 지적이지 못한 사람은 육체노동에 익숙한 편이다. 학의 조건을 갖추지 못한 제비는 농작물에 있어 해충을 먹이로 하며 농가의 추녀 끝에 살면서 흥부네 가정의 역사를 뒤바꿔 놓았다.

생각해보면 나는 어려서부터 가정 환경에서 오는 정신적 갈등이 있었기에 나만의 환경과, 독립에 대한 갈구가 깊었다는 생각이다. 그리고 수학이 부족해 영어에 매달렸고 그 길이 자연스럽게 문학이라는 물길로 이어져 강가에 이르게 된 것 같다.

예술의 세계에서 문인의 도를 올곧게 살다간다는 것이 쉬운 일은 아니다. 그리고 지금 이 순간에도 나의 삶에서 오는 결핍이야 한두 가지가 아니다. 그러나 허리낮춤 정신으로 마음 단속하면서 살아갈 일이다. 그런 가운데 나이 따른 철듦인가 가끔씩은 '나의 결핍의식이 나를 예까지 끌고 왔구나.' 싶은 위안의 마음일 때가 있다.

(2008)

평범한 생활의 즐거움

꽃진 자리에 잎 피어나면 봄날이 가고 잎지고 열매 맺히면 문득 세월이 간다. 고향에 가도 낯익은 얼굴이 드물면 나이가 한참 들었다는 것이요, 아이들이 자란 만큼 자신은 늙음의 길에 있다는 것이다.

세월은 시간의 다른 이름이요 시간은 생성과 소멸을 재는 자尺이기도 하다. 임금의 씨는 날 때부터 따로 있어도 할머니 할아버지는 애초부터 정해진 바 없다는 것도 직장을 정리한 뒤 평범한 나날의 산길에서 실감했다.

정년 뒤 하릴없이 지내야 한다는 스트레스는 시간이란 공룡 속에 먹혀들 것 같은, 그래서 숨막혀 어떻게 될 것처럼 두려웠다. 그러나 사람이란 현실과 타협할 수 있고 변화에 적응이란 묘수를 지니고 있다.

출근 시간이 가까워지면 근처 산으로 간다. 그리고 걷는다.

왜 걷는가? 이유가 있겠는가. 인간의 씨가 바다에서 왔든 원숭이였던 간에 똑바로 하나, 머리를 하늘로 두고 직립보행하라는 신의 뜻이 있었다. 그리고 걸으면 육체의 온갖 기능과 세포가 기계의 톱니같이 작동하게 된다. 그러므로 그로 인해 에너지가 발생하게 되는데 뇌리에서는 사유의 뜰에 불이 켜지면서 조용히 지혜의 문이 열린다. 또한 산길에서는 바다와 산맥이 만들어낸 바람을 만나고 그 바람 숲속으로 걸어가는 소리를 듣기도 한다. 춘정에 겨운 새 소리에 춘흥을 느낄 때도 있다. 한편 원정의 손길이 지나간 과수원의 깨끗한 밭이랑에 햇살 가득 차오르는 개운함을 반가워하면서 귀가하기도 한다.

어질러진 책상 앞에 앉는다.

소리문화전당에서 '메소포타미아 문명전'을 열 당시 전주방송티비의 신창호 PD가 사서 준 향을 피운다. 길쭉한 나뭇잎새 모양의 풀빛 도자기 작은 구멍에 향을 비스듬히 꽂아 불을 붙인다. 진하면서도 부드러운 향이 다소륵이 방안에 잠긴다.

물주전자의 끓는 물을 찻주전자에 따르고 화개 명차의 '우전차'를 집어넣는다. 2~3분 있다 찻잔에 따른다. 그리고 코로 먼저 향을 맡아 본다. 작은 양의 차를 입안에 넣고 음미하다 삼켜 혀와 구강에 감미를 느껴보면서 두세 차례 나눠 마신다. 머릿속에서는 지리산 자락 화개장터에서부터 평사리 하동의 산세와 섬진강길이 열린다. 차의 맛 속에는 지리산 바람과 빛살, 매화 향과 산수유 빛 꽃내음이 들어 있다. 맑은 빛 받아 산기운으로 자란 여린 잎새의 풋떫음과 부드럽고도 깊은 기를 느끼게도 된다.

짜논 시간표 따라 책을 꺼낸다. 단기 4290년의 〈고등문학〉(박목월)이다. 누르팅팅한 책면은 세월을 살아낸 종이의 수명을 읽게 한다. 그 냄새 향기롭지 못하나 싫지도 않다. 무생물에게도 세월에 따라 피울 수밖에 없는 냄새가 있다는 사실을 확인하게 된다. 월탄 박종화의 ≪인생의 향기≫, 김동리의 ≪문학하는 것에 대하여≫, 손창섭의 ≪나의 작가 수업≫, 이광수의 ≪생활 문장≫, 양주동의 ≪수필 쓰는 법≫ 등을 읽는다. 이런 책과 글을 고전이라고 할 수는 없다. 하지만 나이 든 글이요 헌책방에서도 살아남는 책이며 교과서 내용이라는 데 내 마음은 새롭다. 시간이 되면 다른 책으로 바꿔 읽기도 하고 글을 쓴다. 컴퓨터에 입력 저장하기도 한다. 오후가 되면 저장했던 글 불러내 추고하고 문장을 바꿔 쓰기도 한다. 몇 년 전부터 써 둔 서문을 열 번도 넘게 고치기도 한다.

책은 왜 읽고 글은 무엇하러 쓰는가. 자본주의 하늘 아래서 점점 멀어지는 그 길을 무엇하러 가는가. 그래서 얻는 게 무엇이며 화두는 풀렸는가.

책을 펴 읽다 보면 마음이 가라앉는다. 어느 정도 깊어지면

편안해진다. 그래서 책을 선택한 것도 성격이요, 운명이며 미래다.

조선시대 과거시험의 마지막 관문으로 주어진 문제를 모아 설명한 ≪책문≫이란 책을 읽다 보면, 원래 군주의 아들 곧 통치자의 아들을 가리키던 말이 '군자'였다고 한다. 그러다 이 말이 나중에는 혈연적으로 통치자와 관련 있는 모든 사람, 곧 귀족을 가리키는 말이 되었다 한다. 그러나 공자는 일찍부터 군자라는 말을 '지식과 도덕'을 갖춘 새로운 인간형으로 제시했다. 그럼으로써 사회 정의를 추구하는 사람이 군자이고 개인의 이익을 추구하는 사람을 소인이라고 분류했다. 한동안 음미해 볼 가치가 있는 내용이다.

이 땅에 빛이 스러지고 어둠이 내려오는 시간이 되면 퇴근 시간인가 싶다. 돌아올 가족도 없지만 누군가가 기다려진다. 어둠을 타고 내 명상의 시간을 지켜볼 어둠의 신이 오는가 싶기도 하다.

몇 줄 안 되는 일기를 쓰고 마음 정리하는 글 읽다보면 안구에 힘이 느슨해지면서 스르르 잠이 온다. 수직으로 오는 영혼의 고개 떨굼 시간이다. 자리에 머리를 눕힐 때 내 영혼의 창에도 불빛이 꺼진다. 그리고 그렇게 언젠가는 영영 머리를 눕히게 될 것이다. 하나도 즐거울 것 없는 하루의 삶의 즐거움이 이 안에 있다고 나는 믿는다.

(2008)

연보

• 약력

1946　전라북도 순창군 구림면 출생.

1959　순창구림초등학교 졸업.

1965　순창농림고등학교 졸업.

1969　광주교대 부설 초등교원 양성소 수료.

1970　순창구림초등학교 근무.

1976　서해방송 전주분실 근무.

1992　전주대학교 중소기업대학원 수료.

2004　전주대학교 총무처 정년.

2004　신아출판사 상무.

1985　한국문인협회 회원.

1992　국제펜클럽 한국본부 회원.

2001　국제펜클럽 전북위원회 초대 사무국장.

• 문단 활동

1971　≪정진의 영影≫ 1~4집 등사본 책 제작.

1978　≪얼간이의 의지≫ 프린트 본 책 제작.

1979　≪전북문학≫ 동인.

1985　≪월간문학≫ 제45회 신인상.

1986　≪한국문학≫에 〈나의 연하장〉발표.

1987　≪현대문학≫에 〈나그네〉발표.

1991　≪소년문학≫에 일본 기행문 〈비둘기 나그네길〉 연재.

1993 ≪소년문학≫에 동남아 기행 〈낯선 시간 낯선 문화 속으로〉 연재.

1995 ≪소년문학≫에 중국여행기 〈백두산과 중국의 시간 여행〉 연재.

1999 ≪수필과비평≫에 〈도자기에 대한 정념〉 연재.

2001 ≪소년문학≫에 호주여행기 〈눈부신 자연을 즐기는 여유로운 사람들〉 연재.

2004 ≪수필과비평≫ 편집인.

2005 ≪소년문학≫ 주간.

2005 동인지 ≪회문≫ 창간.

• 수필집

1985 ≪둥지 안의 까치 마음≫ 신아출판사.

1990 ≪징의 침묵≫ 신아출판사.

1993 ≪정상에 서면 산이 강물처럼 흐르고≫ 신아출판사.

1996 ≪하늘 가는 작은 배≫ 수필과비평사.

1999 ≪아름다운 성지순례길≫ 전주대학교 출판부.

2002 ≪도공과 작가≫ 수필과비평사.

2006 ≪내 생의 무늬≫ 수필과비평사.

2009 ≪문학의 이해와 수필의 산책≫ 도서출판 계간문예.

• 시집

1998 ≪햇살을 등에 지고≫ 신아출판사.

2000 ≪태양의 이마≫ 신아출판사.

• 수상

1985 월간문학 신인상.

1996 제7회 전주시 풍남문학상.

2006 전북문학상.

• 현재

2006 전북매일신문 칼럼리스트.

2008 전주 덕진노인복지회관 수필창작반 강사.

2009 대한산악연맹 전라북도연맹 고문.

2009 한국문인협회 전라북도 부회장.

현대수필가 100인선 · 66
김경희 수필선
나이의 무게

초판인쇄 | 2009년 11월 5일
초판발행 | 2009년 11월 10일

지은이 | 김 경 희
펴낸이 | 서 정 환
펴낸곳 | 좋은수필사

주 소 | 서울시 종로구 익선동 30-6
운현신화타워 빌딩 3층 305호
전 화 | 02)3675-5635, 063)275-4000
등 록 | 1984년 8월 17일 제28호
홈페이지 | http://www.shin-a.co.kr
e-mail | essay321@hanmail.net

값 7,000원

ISBN 978-89-5925-335-7 04810
ISBN 978-89-5925-247-3 (전 100권)